Por los caminos de Buda y Freud

© del texto: Jean-Charles Bouchoux, 2018
© de la traducción: Lídia Cuscó, 2018
© de esta edición: Arpa y Alfil Editores, S. L.
Deu i Mata, 127, 08029 Barcelona
www.arpaeditores.com

Primera edición: marzo de 2018

ISBN: 978-84-16601-61-5
Depósito legal: B 1563-2018

Diseño de cubierta: Enric Jardí
Maquetación: Estudi Purpurink
Impresión y encuadernación: Cayfosa
Impreso en España

Jean-Charles Bouchoux

Por los caminos de Buda y Freud

Transformar el dolor en sabiduría
con la meditación y el psicoanálisis

Traducción de Lídia Cuscó

arpa bienestar

A mis hijos Jean-Baptiste, Alexandre y Édouard
A Sylvie por su ayuda, su amabilidad y su paciencia
A Nathalie, sin la que esta bella aventura
no habría existido jamás
A todos los seres sensibles; que puedan encontrar
los caminos que conducen a la liberación del dolor,
a la felicidad auténtica más allá de las causas,
a la ecuanimidad y a la creencia en la igualdad de todos
los seres, demonios, Boddhisattvas y gente de a pie
A Lidia Cuscó, traductora, siempre dispuesta a ayudar

«Nuestro miedo más profundo no es
a no estar a la altura.
Nuestro miedo más profundo es ser poderosos
más allá de todo límite.
Es nuestra propia luz, y no nuestra oscuridad,
lo que nos aterra.
Nos preguntamos: ¿Quién soy yo para ser brillante,
radiante, talentoso y maravilloso?
La pregunta es: ¿Quién eres tú para no serlo?
Encogerse, vivir empequeñecido, no es hacerle
ningún favor al mundo.
La inspiración no es encogerse para evitar crear
inseguridad en los demás.
No se encuentra solo en algunos elegidos,
está en cada uno de nosotros.
Y, a medida que dejamos brillar nuestra propia luz,
damos inconscientemente permiso a los demás
para hacer lo mismo.
Liberándonos de nuestro propio miedo,
nuestra presencia libera automáticamente a los demás».

MARIANNE WILLIAMSON,
recitado por NELSON MANDELA
en su investidura a la presidencia

SUMARIO

Préambulo

Después de escribir un libro sobre los mecanismos perverso-narcisistas, en el que reflexionaba sobre el insoportable dolor que determinadas personas son capaces de crear, quise escribir otro texto centrado en los caminos que pueden conducir a superar este mismo dolor.

Aquel libro, titulado *Los perversos narcisistas*,[1] concluía con un mensaje de esperanza abordando conceptos y procesos psicológicos como la sublimación, la resiliencia o la compasión. Y terminaba con una cita de Nelson Mandela, que a mi parecer es un Boddhisattva de los tiempos modernos. He querido que este libro comience con esa misma cita para subrayar la vinculación entre ambos textos.

_____

[1] Jean-Charles Bouchoux, *Los perversos narcisistas*, Arpa Editores, 2016.

Mientras escribía *Los perversos narcisistas*, tuve ocasión de observar en detalle a una pareja de amigos, Juan y Andrea. Aparentaban quererse muchísimo, pero llegados a un determinado punto Andrea se vio desbordada por sus demonios y le hizo la vida imposible a Juan. Lo empujaba progresivamente hacia la locura. Juan soportó la situación durante dos años. Le proporcionó a Andrea amor y compasión y le hizo descubrir la vía del zen. Al final, abandonó la relación. Las cosas iban de mal en peor y, me confesó, temía por su propia vida.

Cuando lo conocí, Juan estaba lleno de vida, alegría y dulzura. Aquella relación lo transfiguró, lo llenó de odio y de deseo de devolver el dolor que había padecido. Estaba visiblemente consternado, habitado por el diablo[2] que había descubierto en ella y que ahora lo estaba devorando por dentro.

He escrito este libro apoyándome en el testimonio de personas que han sufrido experiencias traumáticas y que, en lugar de derrumbarse, han logrado utilizarlas para crecer como personas.

Utilicé ampliamente el caso de Juan para elaborar *Los perversos narcisistas*. En esta ocasión recurro a él para explorar cómo podemos convertir el dolor en una oportunidad de transformación personal y espiritual por medio del psicoanálisis y de la meditación.

---

2 Diablo: Del latín *diabolo*, dual, doble, que corta en dos.

Introducción
«He salido fortalecido»

Aunque el dolor puede frenar nuestro desarrollo personal, también puede tener el efecto contrario y ayudarnos a crecer. Esta convicción, que he podido de comprobar empíricamente en muchas ocasiones, constituye el punto de partida de este libro.

Hablo de dolor para referirme a un abanico amplio de fenómenos —físicos, pero sobre todo psíquicos— que asociamos al sufrimiento: daño, rabia, cólera, frustración, miedo, nostalgia, pena, etc.

Trabajar sobre nuestro dolor genera un doble beneficio: mejora nuestra salud mediante la desdramatización y canaliza nuestro desarrollo personal mediante la observación de los resortes que permiten transformar el dolor en energía positiva. Tal es el sentido, creo, de una expresión que he oído pronunciar a menudo a personas que salían de un periodo difícil transcurrido un tiempo: «He salido fortalecido».

En este libro analizamos los medios de que disponemos para utilizar el dolor como motor de curación y de crecimiento personal y espiritual. Para alcanzar este objetivo, nos apoyamos en dos grandes técnicas o corrientes de pensamiento, la meditación y el psicoanálisis, así como en muchos casos prácticos con los que he lidiado como terapeuta.

La primera parte del libro, muy breve, subraya algunos momentos importantes en la vida de Siddharta y de Freud. La segunda parte define conceptos y prácticas sin los cuales es difícil explorar con garantías el mundo del psicoanálisis y el de la meditación. La tercera parte, que es la más larga, es una recopilación de saberes adquiridos y de lecciones aprendidas con el paso del tiempo y que creo honestamente que pueden contribuir a superar el dolor y a alcanzar la sabiduría. Constituye el auténtico corazón del libro. Por último, la conclusión plantea un esquema teórico y una metodología concreta para que psicoanálisis y meditación se retroalimenten.

Por lo demás, a lo largo del texto hallaréis numerosos fragmentos de terapia, testimonios, enseñanzas y mondos[1] que confío contribuyan a una lectura más amena, distendida y pedagógica.

---

[1] Mondo: Pregunta planteada a un maestro zen, seguida de su respuesta. La mayoría de mondos presentados en esta obra son anónimos, escuchados por el autor aquí y allá. En caso contrario, se indicarán los orígenes de cada mondo a pie de página.

Empecemos sin más.

Mondo
¿El zen es terapéutico?[2]

«Sí. Toda la enseñanza de Buda es terapéutica, en la medida en que su función esencial es curarnos de nuestras ilusiones y por consiguiente del dolor, de la insatisfacción y de la frustración que conlleva vivir apartados de la realidad última de nuestra existencia. En este sentido, el zen es terapéutico: combate el malestar existencial que experimenta cualquier ser que no ha despertado.

Siempre decimos que no hay que confundir el zen con una terapia. Nos referimos a una terapia clásica, psicológica, cuyo objetivo es poner remedio a neurosis corrientes, es decir, a neurosis relacionadas con deseos conflictivos o prohibidos o con conflictos internos. En efecto, el zen no es una terapia adecuada para curar neurosis.

Sin embargo, el zazen[3] es terapéutico en el plano existencial. El zen tiene que ver con un sentido profundo de la existencia y hoy en día muchas formas de dolor, como la depresión, están relacionadas con que las personas sienten que la existencia es absurda, que carece de sentido o de dirección, y que, por lo tanto, «¿para qué esforzarse?». Este sentimiento de absurdidad de la existencia, de falta de sentido en nuestras vidas y de orientación en nuestras acciones, genera dolor. En este sentido, la enseñanza de

2 Pregunta planteada a Roland Rech, maestro zen, en Pégomas, el viernes 29 de febrero de 2008.

3 Zazen: Meditación sentado. En muchas ocasiones empleamos los términos zen y zazen como sinónimos.

Buda es terapéutica. Y de hecho él se consideraba a sí mismo un terapeuta, no un profeta.

Buda trataba los problemas de la vida, constataba el dolor en todos sus aspectos y analizaba sus causas, transmitiendo confianza en la existencia de un remedio y por ende de una posible curación, y mostrando después el camino o la vía para dicha curación. Su razonamiento era idéntico al de todos y cada uno de los terapeutas de la India de su tiempo e incluso al de los terapeutas modernos: realizar un diagnóstico; analizar si el mal tiene cura; en caso afirmativo generar la confianza necesaria para que la persona se comprometa con ella; y por último administrar la cura mediante la práctica de la Vía. Todo ello constituye una conducta profundamente terapéutica, al menos en el sentido existencial de la expresión, en su sentido más profundo, y no solo en el de intentar resolver los conflictos inherentes a nuestro pequeño ego, que siempre nos hará experimentar disputas internas, conflictos entre deseos contradictorios, y que en cualquier caso no se corresponde con el verdadero sentido de la práctica del zen.

Todo esto debe resolverse en otra parte, porque necesitamos poder expresar a alguien nuestro dolor y las contradicciones en las que nos encontramos y tener la ocasión de revivirlo todo en el contexto de un tipo de relación terapéutica que no se da en el zen. Por eso, por regla general a las personas que acuden a un dojo en busca de soluciones a un problema neurótico debe recomendárseles que vayan a ver a un terapeuta: liberarán de la práctica del zazen una expectativa de cura que no compete.

Por el contrario, la práctica del zazen es totalmente indicada para curar el dolor relacionado con el sentido de la existencia, con la percepción de una profunda insatisfacción vital, con la sensación desesperada de que «nos perdemos lo esencial». Por lo tanto, si insistiéramos en asemejar el zen a una terapia, diríamos que es una terapia existencial.

En cualquier caso, aunque el zazen pueda tener efectos terapéuticos a nivel existencial, no conviene practicarlo esperando algún tipo de resultado terapéutico o espiritual. Cualquier práctica de zazen que se lleve a cabo esperando obtener algo de ella no hace más que reforzar el origen del dolor, una forma de adhesión a una avidez del espíritu que quiere obtener un beneficio con la práctica. En realidad, esto refuerza la dualidad del funcionamiento egótico, que a su vez nos impide concebir la naturaleza profunda de la existencia, presente desde antes de nuestro nacimiento: un «aquí y ahora» con el que necesitamos estar en contacto, pero del que nos alejamos con este tipo de funcionamiento dualista. En otras palabras, abordar la práctica del zazen con esa expectativa es impedir que funcione.

Es posible que al principio esta motivación sea la que nos conduzca al dojo,[4] pero al cruzar la viga[5] debe abandonarse la lógica dualista: «Hago algo y me sentará bien». Incluso cuando el resultado esperado es el satori, el nirvana o el despertar. Sea cual sea el nivel o el valor del objetivo, conviene abandonar la idea de obtener algo, porque crea una separación entre uno mismo y el obje-to. La verdadera cura zazen es impedir esta separación, dejar de pensar en términos de sujeto/objeto, yo/lo que quiero obtener, etc. Entonces se da un cambio, se opera una revolución espiritual que constituye el verdadero objetivo del proceso. Por eso es mejor no enseñar el zen

---

4 Dojo: Lugar de práctica de meditación.
5 La viga representa la entrada del dojo.

como si de una terapia se tratase: así no generamos falsas expectativas. Zazen es una práctica de liberación, de realización de lo que ya somos en el fondo. No hay nada que obtener, somos lo que buscamos, solo debemos ser capaces de reconocerlo. No debemos seguir gobernados por un estado mental dualista, que separa sujeto/objeto. De lo contrario, cavaremos un pozo en el que caeremos y que no lograremos llenar».

1

Las vidas de Buda y de Freud

Nacimiento

Siddharta nació en Kapilavastu, en el norte de la India, hace unos 2.500 años.

Sigmund nació en Friburgo, en Moravia, en 1856.

Bussho Kapila[1]

Siddharta iba a ser el hijo de un rey. Cuando se aproximaba su nacimiento, tal y como era costumbre, la reina Maya dejó el palacio real para tener a su hijo en casa de sus padres. Pero de camino le sorprendieron

---

1 Bussho Kapila: Buda nació en Kapilavastu. Primera estrofa del sutra (Gyohatsu Nenju), cantada en cada comida en los monasterios zen.

las contracciones y dio a luz bajo un enorme árbol. La leyenda dice que el árbol bajó sus ramas para proporcionar sombra a Maya y para que la reina pudiera agarrarse a ellas. La soberana, agotada, murió poco tiempo después y fue su hermana Pradjapati quien se hizo cargo del niño. La tradición nos cuenta asimismo que un ermitaño, Asita, en cuanto vio al niño profetizó que sería un gran sabio y que liberaría a los hombres del sufrimiento.

Pero su padre, el rey Suddhodana, no lo consideraba así: su hijo se convertiría en un gran rey y le sucedería. Con el fin de aislar a Siddharta, Suddhodana hizo construir tres palacios, uno para la estación de las lluvias, otro para el invierno y un tercero para el verano. Para que no se viera confrontado al sufrimiento, el rey prohibió la entrada a los palacios a cualquier persona mayor o enferma. En ellos solo encontraría belleza y juventud. Siddharta tuvo los mejores preceptores para su educación. Le enseñaron política, economía, las artes de la guerra, filosofía, música y las artes del amor. Siddharta progresaba, pero se aburría.

La pulsión por saber

Sigmund es el mayor de una familia compuesta por ocho hijos. Es hijo de Amalia, la segunda esposa de Jacob, que ya era padre de dos hijos. Debido a la complejidad de sus orígenes, Sigmund fue tío de un sobrino mayor que él. Por otra parte, su medio hermano Emmanuel tenía prácticamente la misma edad que su madre. Quizás esta complejidad y una novela familiar que el pequeño Sigmund fantaseaba como enrevesada motivarían en él preguntas y una necesidad tal de saber que, años después, Freud llegará a convertirla en una pulsión, la llamada pulsión epistemofílica. Dios y la religión están indiscutiblemente presentes en la educación del joven Sigmund. Sus padres son practicantes y enseñan a sus hijos los rituales, las plegarias y las tradiciones judías.

Vejez, enfermedad y muerte

Siddharta no comprendía por qué debía reinar en un mundo que le era desconocido. Presionaba a su padre para poder salir de sus palacios, pero este se oponía. Sin embargo, el rey Suddhodana acabó por ceder y organizó una salida para el joven príncipe. Antes, tuvo la precaución de organizar el recorrido y seleccionar al público que debía jalonar el camino que recorrería el cortejo. Toda persona que asistiera al paseo principesco debía ser joven y gozar de buena salud. Pero sucedió que, de camino, Siddharta vio a una persona de edad avanzada que se había colado hasta allí. Entonces descendió de su carro y abandonó el recorrido previsto. Se dice que se encontró sucesivamente con cuatro personas: un viejo que se apoyaba en un bastón (el mismo que lo incitó a que se apeara), un enfermo desfigurado por la lepra y que gemía de dolor, un poco más lejos un cadáver que estaban a punto de inmolar y a su familia que le lloraba y, por último, un mendigo en la inopia pero que parecía feliz. Siddharta interrogó a su criado Channa, que le había seguido fielmente: «¿Qué les ocurre a estas gentes?». Channa respondió: «Sufren, mi señor». «¿Pero qué es el sufrimiento? ¿Y por qué sufren?», preguntó el príncipe. «La vejez, la enfermedad y la muerte son el futuro de todos nosotros, príncipes o campesinos, ricos o pobres, grandes o pequeños...». El príncipe Siddharta acababa de tomar conciencia de la condición humana.

De regreso a palacio, Siddharta no pudo seguir celebrando las festividades. De algún modo, ya se había ido. Después, en el más absoluto secreto, escapó de nuevo de su palacio, acompañado de su fiel servidor. Quería encontrar de nuevo al mendigo que parecía ajeno a todo. Channa le explicó que se trataba de un asceta, que probablemente vivía en el bosque y que solo se acercaba a la ciudad para mendigar comida. Siddharta quiso ir al bosque para encontrarse con los ascetas. Allí los encontró meditando, lo que parecía estar en el origen de su serenidad, y les pidió instrucciones para poder reproducir él mismo esta experiencia.

El estudio de la medicina

El joven Sigmund empieza a estudiar medicina en Viena, a donde se ha trasladado toda la familia, y exige que le llamen Sigmund (quizá más alejado de «Mi Sigi en oro», como lo llamaba su madre). Además de su especialidad, la otorrinolaringología, Sigmund aprende francés, inglés, latín, griego y alemán; el hebreo ya lo hablaba. Obtiene diversas becas de estudio gracias a sus trabajos de investigación en biología, zoología y neurología. A los 25 años obtiene su doctorado y después se especializa en patología y en clínica. Rápidamente destaca de nuevo gracias a sus trabajos, sobre todo en neurología. Parece que esta pulsión de saber, la pulsión epistemofílica, no abandonará jamás a Sigmund.

El encuentro con los ascetas del bosque

En palacio, Siddharta practicaba la meditación. Se había casado. Su mujer, Yasodhara, se sentía inquieta y le presionaba para que abandonara su práctica, pues sentía que su amado se le escapaba. Un día le interrumpió cuando estaba meditando para pedirle que se apresurara, para reunirse con ella en un banquete que había organizado. Entonces, Siddharta gritó: «¡Atrás, demonios!». Testigos que presenciaron la escena dijeron que el príncipe se había vuelto loco y que llamaba a su esposa demonio. Pero Siddharta lo aclaró: «Me dirijo a mis demonios interiores...». Su decisión estaba tomada, debía irse y reunirse con los ascetas en el bosque. Su esposa le anunció entonces el próximo nacimiento de su hijo. Él exclamó: «Lo llamaremos Rahula: Obstáculo». La noche en que nació Rahula, y tras ir a verle, el príncipe apremió a su criado Channa para que ensillara su caballo Kanthaka y le esperara junto a la salida del palacio. Se reunió con él y pudieron partir, a pesar de los guardias apostados por orden de su padre junto a las puertas de palacio, para impedir que saliera. Misteriosamente, todos dormían. Siddharta exclamó: «El mundo sueña...».

Una beca en París

Sigmund obtiene una beca que le permite ir a estudiar a París. El viaje le entusiasma.

Un mendigo en el bosque

Al llegar a la entrada del bosque, Siddharta se cortó el pelo y se lo ofreció junto a su caballo a Channa, a quien rogó que volviese a palacio. Se dice que a continuación cambió sus ropas de príncipe por las de un mendigo.

Alara, Uddaka y el no-pensamiento

En el bosque, Siddharta practicaba la meditación junto a los ascetas. Allí encontró a Alara y después a Uddaka, que le enseñaron sus yogas y, sobre todo, el no-pensamiento. El que iba a ser Buda aprendió rápidamente sus enseñanzas, pero no le satisfacieron[2]. Siddharta se alejó para poner en práctica las mortificaciones sin comida. Practicaba la meditación en las más duras condiciones. Se dice que no se alimentaba más que con un puñado de granos de arroz salvaje al día y que no apagaba su sed más que con algunas gotas de rocío, porque quería rebelarse contra sus deseos y escapar de su condicionamiento. Su veneración hacía crecer la admiración de los ascetas, pero el cuerpo de Siddharta se debilitaba hasta tal punto que, según decían, estaba a las puertas de la muerte. La leyenda cuenta que, encontrándose Siddharta meditando en la orilla de un río, escuchó a un maestro de música, que pasaba por delante en una barca, decirle a su díscipulo: «Si la cuerda de tu sitar está demasiado floja, el sonido no será bueno, si está demasiado tensa, corre el peligro de romperse»; y así es como concibió la vía de en

---

2 Aunque el no-pensamiento ayuda en el camino de la serenidad, por sí mismo es insuficiente para alcanzar el despertar.

medio. La vía se encuentra a medio camino entre el dolor y el placer, el cuerpo y sus necesidades deben ser respetadas. Entonces Siddharta aceptó el bol de arroz que le ofrecía una joven campesina.

Charcot y Breuer marcan el camino

En París, Sigmund se encuentra con el profesor Charcot, a quien profesa una profunda admiración. Traducirá muchos de sus trabajos. Sigmund está impresionado con los experimentos que Charcot lleva a cabo con pacientes histéricas, sobre todo utilizando la hipnosis. El carácter artificial y sin embargo tan real de las afecciones histéricas (parálisis, cegueras...) marcará los futuros trabajos del joven Sigmund.

Freud necesita un tutor. Finalmente, trabajará sobre el caso de una de las pacientes histéricas de Joseph Breuer, un médico mayor que él: Anna O.

Jodo Magada[3]: el despertar

Siddharta se sienta en la posición del lotus a los pies de un árbol. Hace la promesa de no levantarse mien-

---

3 Jodo Magada: Buda se despertó en el reino de Magada. Segunda estrofa del sutra, Gyohatsu Nenju.

tras no alcance el despertar. Regularmente, la joven campesina le llevará su comida. Cuando se aproxima al despertar, Siddharta ve cómo sus deseos se hinchan y su ego intenta retenerle.

La leyenda personifica el ego bajo la forma del diablo, llamado Mara en la India. La tradición nos enseña que viendo a Siddharta despertarse, Mara envía a sus hijos para distraer al asceta. Orgullo y poder abren el baile, placer y concupiscencia les siguen de cerca, miedo y vanidad cierran la marcha. Siddharta observa la zarabanda de sus deseos, pero «los deja pasar» y no se turba, volviendo sin cesar a la concentración de su postura de meditación. «Levántate príncipe, lo has logrado, levántate y los hombres te seguirán...» Inquieto, Mara sigue con sus exhortaciones, pero Siddharta no se mueve. Se dice que entonces Mara dejará ir a sus ejércitos para distraerle, pero Siddharta, impasible, verá cómo las flechas envenenadas de los guerreros del diablo se transforman en pétalos de lotus. Mara ha sido vencido. Al alba, Siddharta levanta la vista, ve la estrella vespertina, sabe que no es distinto del resto del mundo y se despierta. Él es Buda. «Me he despertado con todas las existencias del universo».

Nacimiento del psicoanálisis

Con Breuer, Freud elabora un *Estudio sobre la histeria*[4] que fue duramente criticado por sus colegas. También fue un fracaso comercial, lo que supuso una mancha en la carrera de Breuer y quizá una de las causas de su separación. En 1900, Freud publica *La ciencia de los sueños,* que más adelante será conocida como *La interpretación de los sueños*[5]. En ella expone los conceptos que serán la base de la teoría psicoanalítica: dibuja una cartografía del psiquismo y expone sus primeras teorías en relación con el inconsciente. Desde el inicio del siglo Freud impresiona, choca con unos y seduce a otros. Numerosos intelectuales, escritores, médicos y psicólogos se interesarán por sus trabajos. A lo largo de su carrera, Freud seguirá revisando sus teorías, que serán retomadas por numerosos psicoanalistas que a su vez las completarán. Podría decirse que el psicoanálisis ha nacido con este siglo y que no ha dejado de crecer y ampliarse desde entonces.

---

4 Freud, Sigmund, *Estudio sobre la histeria.*
5 Freud, Sigmund, *La interpretación de los sueños.*

2

Conceptos y prácticas clave de meditación y psicoanálisis

Antes de abordar el tema central de este libro, es decir, la transformación del dolor en una herramienta de realización personal, quisiera explorar conceptos y prácticas que nos ayudarán a avanzar en mejores condiciones. Esta parte puede resultar muy estimulante para algunos lectores; otros más versados en la materia quizá prefieran ir directamente al principio de la tercera parte del libro.

La vía del Samsara al Nirvana

Siddharta no había conocido nunca el dolor. Cuando salió de su palacio por primera vez, se topó con un enfermo, con un anciano y con un cadáver. De este modo tuvo constancia de nuestra condición y pudo conocer el dolor: el Samsara,[1] un océano de dolor de una profundidad insoportable: el ser humano se ve confrontado a la vejez, a la enfermedad y a la muerte; debido a la finitud de las cosas, perderá todo aquello a lo que está atado y se verá irremediablemente confrontado a lo que habría querido evitar. La condición humana ordinaria conduce de manera ineluctable al dolor, el Durkkha, que es la primera ley de lo que luego llamaríamos las «cuatro verdades nobles».

Mediante la meditación, Buda observa y llega a distintas conclusiones. Ve que lo que le dirige es su ego, un ego compuesto por sus costumbres, sus deseos, sus aversiones, sus apegos y la energía ligada a sus acciones pasadas, y que todo ello engendra diferentes formas de conciencia. Buda descubre entonces la segunda verdad noble: Tanha, la sed: son nuestros deseos —y el apego a nuestros deseos— los que crean las condiciones del dolor.

Si existen causas del dolor, entonces erradicándolas el ser humano debería ser capaz de superar dicho dolor y de hallar un estado de plenitud. Así, Buda enuncia la tercera verdad noble: Dharma, el camino, la vía que permite salir del dolor.

---

[1] Ciclo de nacimiento, vida, muerte y renacimiento en el budismo. También conocido como «ciclo de la vida» en Occidente.

Habiendo reconocido el aspecto ilusorio de su ego, el ser humano que ha abandonado el apego a sus deseos observa que no se distingue en nada de todo aquello que lo rodea, que no hay nada a lo que apegarse ni nadie a quien apegarse, y vislumbra la cuarta verdad noble, conocida como «noble camino óctuple». Entonces encuentra su estado normal, el estado de Buda, más allá del dolor y de sus causas. Se libera de sus tensiones y escapa de la ilusión y de la ignorancia. Separado de las causas del dolor, entra en el Nirvana. Se encuentra liberado del Samsara, el mundo condicionado que conduce al dolor.

El descubrimiento del inconsciente

Freud, por su parte, durante sus estudios en la Salpê-trière con el profesor Charcot, se ve confrontado a numerosos casos de «gran histeria». Allí tiene ocasión de examinar a pacientes cuyas afecciones tienen un origen no fisiológico: pacientes paralizados que, bajo los efectos de la hipnosis, vuelven a caminar.

Si las causas de la histeria no son fisiológicas, ¿de dónde proviene la afección?, se pregunta Freud. ¿Qué la causa? Del mismo modo, ¿qué crea nuestros sueños? ¿Por qué cometemos una acción contraria a la deseada cuando tenemos un lapsus o un acto fallido?

Analizando sus sueños, cuestionándose sobre el origen de las patologías psíquicas, Freud «descubre» el inconsciente, igual que quien «descubre» un nuevo material o una nueva tecnología: postula que existe una lógica inconsciente distinta de la lógica consciente y que las dos pueden llegar a ser opuestas. Así, por ejemplo, la parálisis histérica resultaría de dos deseos opuestos: el deseo reprimido de ir a un sitio y el deseo contrario de no ir a ese mismo sitio. El psiquismo elegiría entonces la vía de la parálisis para resolver la paradoja. Las causas de la afección serían, pues, inconscientes.

Si determinadas problemáticas psíquicas son de origen inconsciente, la exploración de este inconsciente debería ayudarnos a resolver conflictos y a recuperar un estado psíquico sin tensión, equilibrado.

Mediante la exploración del inconsciente, el ser humano puede hacer realidad lo que Freud denomina la catarsis, es decir, el desenredo de sus nudos psíquicos y de las tensiones que conlleva. La purificación de nuestro inconsciente conduce al conocimiento y a la integridad. Entonces nuestra energía deja de ser desestabilizadora: se pone a nuestro servicio y al servicio de la sociedad. El sujeto puede experimentar entonces lo que Freud mismo califica como «estado de Nirvana»: un sentimiento de plenitud con poca tensión o sin tensión.

Terapia
Elvira

Elvira viene para hablarme de su exmarido, que tiene un comportamiento perverso. Después de hablar un tiempo, le pregunto qué relación tenían sus padres cuando ella era niña. Me cuenta que su padre se comportaba con su madre del mismo modo que su marido se comportaba con ella.
—¿Le habría gustado que sus padres se hubiesen separado?
—Sí, y que mi madre me hubiese llevado con ella.
—¿Es posible que, inconscientemente, haya recreado el mismo escenario al casarse con un hombre similar a su padre y dejarle como le habría gustado que lo hubiese hecho su madre cuando usted era una niña?
—Es verdad, le dejé poco tiempo después del nacimiento de nuestra hija.

La ignorancia de nuestra verdadera naturaleza

El hombre ignora su verdadera naturaleza, por eso se encierra en sus apegos y sus certezas y cree en la existencia de una permanencia a la que nombra Yo. Buda ve ocho obstáculos[2] para el despertar del hombre corriente, ocho obstáculos que le mantienen en su condición de ser que sufre. Estos obstáculos provienen de la ignorancia de su verdadera natura-

---

2 Klesha en sánscrito; Bonno en japonés.

leza, ignorancia que a su vez engendra el apego, la cólera, el orgullo, la lujuria, la pereza, la duda[3] y la avidez.

El camino del Ello al Yo

Al principio de nuestras vidas, nos dice Freud, solo hay Ello. Para Freud, el Ello es la instancia pulsional que inicialmente compone nuestro espíritu. En realidad, el Ello es una reserva de energía psíquica. Freud dice: «El concepto de pulsión es un concepto límite entre lo psíquico y lo somático»[4].

Cualquier deseo provoca un estado de tensión en el cuerpo y cualquier exceso de tensión provoca a su vez un dolor. Así, cuando un recién nacido siente una necesidad, exige ser satisfecho de inmediato. Con el descubrimiento de las primeras frustraciones, el niño debe aprender a apañárselas solo, cogiendo la esquina

---

3 Cuando hablamos de duda, se trata de la duda estéril que nos aparta de la vía. Contrariamente, la duda que nos lleva a interrogarnos sobre nuestra condición es una buena duda y puede llevarnos al camino. Más concretamente, la duda es una etapa necesaria para Buda, él exhorta a sus discípulos para que duden, y a sí mismo también, hasta que sientan que el camino es evidente. A partir de ahí, la duda debe dejarse de lado porque sería un impedimento.

4 Freud en *La pulsión y su destino*.

de una manta, por ejemplo, o chupando su pulgar[5]. Es entonces cuando elaborará una segunda instancia psíquica: el Yo, que poco a poco le conducirá hacia la autonomía. El Yo arcaico del bebé es una instancia psíquica que se forma entre los deseos del Ello y las posibilidades que ofrece el mundo exterior. Son nuestras primeras necesidades las que estructuran nuestro aparato psíquico; necesidades psicocorporales que el Yo se esforzará en transformar en deseo según el niño pueda elegir un objeto u otro entre los que están a su disposición.

El Ego según Siddharta

El Ego es la suma o el encuentro de energías en constante evolución. Buda las describe bajo la forma de cinco agregados: materia, sensación, percepción, mente y conciencia. La conciencia resulta del encuentro de los cuatro agregados que la preceden y, si no están, simplemente cesa. Por ejemplo, el encuentro del ojo con una forma hará que esta sea percibida gracias a la vista y después incorporada mentalmente. A partir

---

5 Es lo que Winnicott llama objeto transicional, porque le permite al niño pasar de una dependencia total hacia su madre a una autonomía que se irá acentuando con el tiempo y las nuevas experiencias que el niño llevará a cabo.

de ahí surgirá la conciencia de la cosa y la posibilidad de describirla: es grande, es pequeña, es azul, es bonita, soy su propietario, etc. Buda utiliza la metáfora del fuego para ilustrar sus explicaciones. El fuego se describe en función del combustible que lo origina: fuego de leña, fuego de paja, etc. Si una sola de las condiciones falla, no hay fuego. El fuego, como la conciencia, no existe más que como consecuencia de las causas que lo originan: combustible, condiciones atmosféricas, llamas, etc. Buda describe seis clases de conciencia: las conciencias que nacen del encuentro entre la materia y los seis sentidos: vista, oído, tacto, olfato, gusto y mentalización[6].

El Superyó

Si el Yo, que sirve de mediador entre las necesidades internas y el mundo exterior, se ha creado para poder hacer frente a las primeras frustraciones, un esbozo de Superyó se creará para hacer frente a las primeras prohibiciones. La angustia correspondiente será una angustia «de abandono»: el niño piensa que si no responde a las expectativas de sus padres (y más tarde del grupo), estos podrían abandonarle. En efecto, si

---

6 Si consideramos que los sentidos permiten la aprehensión del mundo, lo mental hay que ponerlo del lado de los seis sentidos.

comete una acción «inadecuada» en relación a sus expectativas, sus padres pueden cambiar de actitud y pasar de ser padres cariñosos a ser padres enfadados[7].

Poco a poco, este esbozo de Superyó[8] evolucionará hacia el Superyó del adulto y hacia la introyección de la imagen idealizada de los padres, de los educadores y de las leyes que el niño ha percibido.

Realmente el Superyó no quedará «fijado» en el lugar que le corresponde hasta que el niño no supere el complejo de Edipo[9]: para escapar de la angustia generada por deseos que percibe como inadecuados, el niño levanta diques de moralidad inconsciente entre sus fantasmas inconscientes y su conciencia. Por eso Freud dice que el Superyó es el heredero del complejo de Edipo, y por eso también podemos decir que

---

7 En el Tíbet, la compasión personificada por las deidades puede tener diferentes caras, sobre todo la de Chenrézig, de mirada tranquila y con mil brazos que le sirven para ayudar a todos aquellos que sufren, y la de Mahakala, deidad negra con rostro terrorífico que tiene en las manos puñales y cráneos humanos.

8 El primer esbozo de Superyó se llama Ideal del yo. No podemos decir que sea exactamente Superyó, porque el Superyó es edípico, en relación con el Edipo, mientras que el Ideal del yo es narcisista. Para liberarse de sus angustias, el niño debe responder en base a lo que imagina que ha de ser la imagen ideal que sus padres esperan de él.

9 El complejo de Edipo, también conocido como complejo edípico, se refiere al agregado complejo de emociones y sentimientos infantiles caracterizados por la presencia simultánea y ambivalente de deseos amorosos y hostiles hacia los progenitores.

nuestro psiquismo está condicionado por la presencia inconsciente de la idea que nos hemos forjado de las expectativas de nuestros padres y de la sociedad.

Terapia
Elvira

—Soy alegre por naturaleza. Puedo estar triste por dentro, pero nadie se da cuenta nunca.

—¿Qué hace con su tristeza?

—Nada.

—Las pulsiones, el enfado y la tristeza no expresados permanecen en nuestro interior como energía que pide poder expresarse: tarde o temprano saldrá a relucir en forma de angustia, de TOC,[10] de cólera inexplicable, de síntomas somáticos, etc. Más le vale expresarlos...

—Esto podría explicar por qué en ocasiones me comporto de forma extraña. Por ejemplo, a veces siento la necesidad compulsiva de verificar que todo esté bien. Puedo llegar a comprobar diez veces que tengo las llaves en mi bolso y que no me he olvidado nada.

—Recuerde que cuando era pequeña fantaseaba con que su madre dejase a su padre y la llevase con ella.

—Sí.

—¿Si le hubiese dicho la rabia que tenía, cree que la habría llevado con ella? ¿Es posible que le diera miedo que se fuera y que se olvidara de usted?

---

10 TOC: Transtorno obsesivo-compulsivo.

Las causas que condicionan al Ego

Según Buda, el hecho de ignorar nuestra verdadera naturaleza condiciona nuestra creencia en un Yo. De esta creencia resulta el dolor. En realidad, Buda describe una cadena de causas interdependientes que crean la sensación de una existencia separada del resto del universo.

Son la ignorancia y la ceguera las que nos llevan a actuar desconsideradamente. El término acción hay que entenderlo tanto desde el punto de vista concreto (nuestros actos y palabras), como desde el punto de vista de nuestros pensamientos. Cada una de nuestras acciones produce un efecto (karma), un efecto que perdurará más allá de sus consecuencias directas. Las creaciones, sobre todo las mentales, provocarán la producción de una conciencia discriminatoria. De esta conciencia discriminatoria nacerán los juicios: esto es bueno o bonito, esto es malo o feo, etc. En función de nuestro juicio, trataremos de acercarnos o de alejarnos de los objetos que percibimos. Nuestros sentidos nos permiten aprehender el mundo, podemos verlo, saborearlo, escucharlo, tocarlo, sentirlo o pensarlo. Por eso en Oriente el pensamiento se clasifica junto con los sentidos. El contacto con los objetos condicionará nuestras sensaciones: agradable, desagradable o neutra. Las sensaciones van a condicionar deseos y aversiones que a su vez provocarán el embargo, la sed, el apego o el rechazo. Los deseos, el apego y el rechazo provocan dolor frente a la idea de estar separado de tal o tal cosa, o a la inversa, de estar atado a cosas que se han vivido como dañinas.

La evolución psicosexual del hombre

Para el psicoanálisis, nuestra estructura psíquica se forma esencialmente durante nuestros seis primeros años de vida, a medida que descubrimos el mundo exterior y vías de evacuación para nuestra energía interior. Así, durante sus primeros años de vida, el niño descubre el mundo con su boca. Intenta mamar y luego morder, porque hasta entonces es la única vía de expresión que conoce. Más adelante, cuando acceda al control de esfínteres, comprenderá que puede interactuar con el mundo y sobre todo puede satisfacer a sus padres obsequiándoles con ese regalo aparentemente tan esperado («¡Haz caca en el orinal!») o retenerlo para existir, diferenciándose del deseo de los demás. Más tarde descubrirá otras zonas erógenas y fantaseará con el acceso a lo que él imagina que es el funcionamiento de los adultos. De la angustia que nacerá de sus deseos inadecuados, surgirá el complejo de Edipo. Renunciando a sus deseos, el niño podrá continuar con su evolución y poner su energía al servicio de su aprendizaje y de la adquisición de valores morales y sociales.

De este modo, vemos cómo para el psicoanálisis el desarrollo de nuestro psiquismo tiene mucho que ver con nuestra capacidad para desear primero y para renunciar a dicho deseo después.

Karma

El término karma proviene del verbo actuar y se refiere a la energía que resulta de nuestras acciones pasadas. En este sentido, el karma provoca nuestro presente.

Conviene desligar la noción de karma de cualquier juicio moral de bien, de mal o de castigo y pensarla desde una perspectiva mecanicista. Cuando lanzamos un boomerang, sabemos que la acción conllevará consecuencias: el boomerang dará la vuelta y nos golpeará en la cara, provocando efectos como poco desagradables.

Ahora bien, ¿está bien o está mal lanzar un boomerang? En realidad, el budismo presta más atención a la observación de las causas y de los efectos que a la cuestión del juicio. Con todo, quizás deberíamos evitar lanzar boomerangs... porque, como veremos más adelante, nuestras acciones pueden facilitar o trabar nuestro despertar.

La energía psíquica o libido

Cuando pensamos y cuando deseamos producimos una energía psíquica que el psicoanálisis denomina «libido». Nuestro cuerpo se pone en tensión y busca la manera de evacuar esta energía, la libido. Cada pensamiento, cada deseo, cada aversión, cada producción mental viene acompañada de cierta cantidad de energía que debe ser eliminada.

El psicoanálisis considera que las personas nos construímos en función de los medios que escogemos para evacuar la libido. Esta adopta la forma de deseos más o menos aceptables; se expresará hacia el exterior o quedará reprimida en el inconsciente, pero no dejará nunca de buscar formas de expresión: sueños, lapsus, actos fallidos, síntomas psíquicos, somatizaciones, etc.

El budismo, en cambio, verá en esta energía el resultado de nuestras acciones pasadas: el karma, la dinámica del devenir del hombre.

Terapia
Elvira

—Lo que no entiendo es por qué después de ocho años de separación sigo odiándole tanto.

—Me ha dicho que se parece a su padre. Puede que su inconsciente los relacione. Es normal que un niño ame y admire a su padre, pero también que lo deteste y lo tema. El niño podría partirse en dos, es decir, dividir su Yo: una de las dos partes amaría y la otra detestaría. De hecho, este es el origen de determinados síntomas, como por ejemplo la fobia: el padre es amado, mientras que un objeto fóbico es temido y detestado. ¿Ha encontrado usted el suyo?

Las relaciones objetales

Si los primeros años de vida condicionan nuestro carácter, la comprensión del mundo que nos rodea condiciona nuestra adaptación a la realidad. Antes de haber nacido, el niño se siente uno con el mundo que lo rodea. Después del nacimiento y de las primeras frustraciones, comprende que existen objetos no-yo que no responden forzosamente a sus exigencias. Con el acceso al control de esfínteres, el niño pasa a producir objetos que salen de él, que se vuelven objetos no-yo, lo que refuerza su aproximación a la alteridad.

Más adelante, el niño reconoce su imagen en el espejo, aprende a decir que no y descubre su nombre. Al mismo tiempo, comprueba sus interacciones con el mundo: si sonríe, le sonríen, si se enfurruña, se inquietan. De esta manera, al tiempo que se reconoce en el espejo, se ve reflejado en la mirada de los demás.

Por último, como ya hemos visto, con la llegada del Edipo el niño desea imitar a los adultos y fantasea escenarios relacionados con lo que él imagina que es la vida de los adultos. Para superar la angustia que generan esa fantasía, la ley que empieza a asimilar y la presencia de un tercero (que esa ley representa), renuncia a sus deseos y vuelve hacia el mundo.

Los tres grandes periodos de la infancia

La fase objetal corresponde al descubrimiento progresivo del mundo que rodea al niño, de los objetos no-yo y de la alteridad. La fase narcisista conlleva el descubrimiento de su imagen y sus interacciones, así como el esbozo de su identidad. Por último, la fase edípica conlleva el descubrimiento del tercero, de la ley y de la sociedad.

Cada periodo de la infancia se corresponde con un tipo de angustia y cada fijación con una patología. Durante la fase objetal podemos sufrir la angustia de división y disociación. Efectivamente, el sujeto que no se ha diferenciado lo suficiente del mundo que lo rodea puede entrar en pánico al pensar que el otro (en el que ha invertido una parte de sí mismo) puede irse en cualquier momento y llevarse una parte de él. Por esta indiferenciación y por una gran propensión a la alucinación, las fijaciones y las regresiones en este periodo de la vida implican, más adelante, un riesgo de psicosis.

Durante la fase narcisista descubrimos la angustia de abandono y las patologías del narcisismo[11]. Durante la fase edípica nace la angustia de castración, la culpabilidad y las neurosis.

Terapia
Elvira

—¿Tenía la fantasía de salvar a su madre?
—Sí, hasta hace poco. Le pregunté si se había planteado dejarle. Me dijo que no. Entonces decidí tomar distancia respecto a su historia.
—Hizo bien.

La aceptación de la impermanencia

Como hemos visto, la primera enseñanza de Buda son las cuatro verdades nobles:

1. Dukkha: el dolor. En el zen, puede traducirse por zazen (za: sentarse; zen: meditación), esto es, la observación mediante la práctica de la meditación sin rechazar nada, sin apropiarse de nada. Únicamente constatarlo, ni siquiera traducirlo a pensamiento.

---

11 En relación con este asunto, véase el anexo de *Los perversos narcisistas*.

2. Tanha: la sed, la causa del dolor. Observar el dolor, así como todos los fenómenos que se presentan, sus orígenes, cómo nacen, cómo viven, cómo cesan. Cómo nos unimos a ellos y cómo los mantenemos.

3. Dharma: el camino. Buda nos enseña que, si algo causa dolor, esas causas son la ignorancia, el apego y la aversión; no mantener lo que causa el dolor podrá liberarnos de él. Concentrado en la postura de meditación, observar, no rechazar nada, no retener nada. No renunciar a los deseos, pero mediante la observación darnos cuenta de que los deseos están fundados en la ilusión. Comprender en el aquí y el ahora que los deseos tienen sus raíces en un pasado que ya no existe, se proyectan hacia un futuro que tampoco existe aún y están en el origen de todos nuestros dolores y penas.

4. Nirvana: el cese del dolor o del sufrimiento. El zen no lleva a la realización, la práctica es la realización. El Nirvana es aquí y ahora. No hay nada que crear ni nada que descubrir. Nada de sufrimiento, ni cese del sufrimiento, ni siquiera de camino que lleve a la liberación del dolor. He aquí una paradoja que solo la práctica (zazen) puede resolver.

Habiendo comprendido que todo es impermanente, condicionado, el practicante se entrena en la
maravillosa indiferencia que le permite vivir sin dolor.
Se da cuenta de que incluso lo que él consideraba un
Yo permanente es ilusorio. Mediante la meditación,
el budista se libera de esta creencia, evita ligarse,
abandona, sale de la duda y entra en la corriente.
Con su práctica, el deseo y la aversión dejan de ser
influyentes. Así se encamina hacia el despertar[12].

Mondo
¿Cómo se practica la meditación?

—Concretamente, ¿cómo se practica la meditación?
—Elija un lugar silencioso en el que sepa que no le van
a molestar, sobre todo al principio. Instale una alfombra
mullida y un cojín lo bastante alto. Siéntese con las rodillas
por debajo de la cintura en posición de loto, semiloto o
sentado. Hágalo lo mejor posible. Enderece su columna
vertebral, tense la nuca y esconda el mentón. Deje reposar
sus manos sobre sus rodillas o posiciónelas en Djhana,
esto es, colocando la mano derecha sobre la izquierda.
Los pulgares se tocan y permanecen completamente

---

12 Hay que señalar que dos grandes corrientes (volveremos sobre ello más adelante) se oponen en el budismo: los progresistas y los
subitistas. Los progresistas comparan nuestro ego con una cebolla que
tendríamos que pelar. Con prácticas y más prácticas, nos encaminamos
hacia el despertar. Los subitistas creen que todo es perfecto en el aquí y
el ahora. Que no hay ninguna cebolla que pelar ni nadie para pelarla.

horizontales. Cuando haya adoptado la postura idónea, observe su respiración sin modificarla. Si surge un pensamiento en su mente, por más bonito que sea, déjelo ir. No lo retenga, no le de continuidad, no lo rechace.

—¿No se puede practicar en la naturaleza?

—Puede practicar donde quiera, en el metro o durante una manifestación. Sin embargo, al principio es más razonable elegir un lugar en el que no puedan distraerle.

—¿Y por qué adoptar una postura tan complicada?

—Es importante estar bien sentado porque ayuda a dejarse ir. Además, nuestro cerebro no puede estar en varios sitios a la vez. Cuando se concentra en su postura, no puede pensar en otra cosa. Por lo tanto, vuelva regularmente a su postura, verifique la horizontalidad de sus pulgares, la rectitud de su espalda, etc. Vuelva también a observar su respiración.

—¿Se practica con los ojos abiertos o con los ojos cerrados?

—Le aconsejo mantener los ojos abiertos y fijar la mirada frente a usted, a un o dos metros de distancia. Es importante permanecer en esta realidad.

—¿Cuáles son los beneficios de la meditación?

—Si tuviera que escoger un objetivo, sería precisamente no tener objetivo. Nuestro ego es tiránico: quiere controlarlo todo y rentabilizar todo lo que hacemos. Practique sin esperar nada a cambio.

El camino hacia el equilibrio según el psicoanálisis

Nuestro psiquismo está compuesto por diferentes instancias:

— El Ello es totalmente inconsciente y está formado por nuestros deseos y nuestros miedos reprimidos. Constituye una reserva de energía psíquica que persigue un solo objetivo: salir a la superficie y liberar al organismo de sus tensiones.

— El Superyó, esencialmente inconsciente, se opone a la expresión de nuestras energías cuando estas adoptan la forma de deseos inadecuados en relación con nuestros valores morales.

— El Yo se organiza a partir de los «deseos» del Ello y de las exigencias morales del Superyó.

Los conflictos entre estas diferentes instancias tienen un coste de energía elevado y son generadores de importantes tensiones. La práctica del psicoanálisis debe permitirnos explorar estas tensiones, que son fundamentalmente inconscientes. En general, tomamos consciencia de esta energía reprimida mediante la simbolización, una forma de expresión que también nos ayuda a liberarnos de los conflictos y de las tensiones. Mediante el descubrimiento de nuestras pulsiones, mediante su aceptación y su integración en un carácter suficientemente equilibrado, nos dirigiremos hacia el estado de Nirvana y, poco a poco, hacia un carácter genital, es decir, postedípico, y, en definitiva, hacia el encuentro con lo que somos de verdad: nuestros «defectos», nuestras cualidades, nuestras carencias, nuestros límites y nuestras capacidades.

El camino hacia el equilibrio según el budismo

Para Buda, si existe un camino que lleva al dolor y este camino tiene unas causas, entonces erradicar las causas y tomar otro camino debería permitirnos superar el dolor. Buda enuncia así el «sendero óctuplo» o «noble camino óctuble» para salir del dolor. En efecto, Buda ha conocido los dos extremos: la búsqueda incesante del placer (en sus palacios) y años de mortificaciones. El noble camino óctuple, también conocido como la vía del medio, evita la búsqueda de placeres provocados y respeta las necesidades del buscador de sabiduría. Buda denomina «posición justa» a la posición media entre placer y dolor.

El discípulo budista tiende hacia Prajna, la sabiduría basada en la realización directa de las cuatro verdades nobles descritas anteriormente, el conocimiento que se opone a la ignorancia. Para llegar a él, practica la observación justa, la comprensión justa y la visión justa de las cuatro nobles verdades y se prepara también para el pensamiento justo, que carece de odio y de avidez.

Mondo
¿Cómo encontrarse?

—Existe la ignorancia y existe el karma. Existe el zen y existe el psicoanálisis. ¿Cómo encontrarse? El velo de la ignorancia puede caer con la práctica del zen, pero ¿podemos liberarnos del karma?

—Como si de un río se tratase, la energía del karma fluye... Paciencia y confianza: continuad con zazen.

—¿Debo creer en vidas anteriores?

—El pasado ha dejado de existir, el futuro aún no existe. Concentraos en el aquí y en el ahora. Si queréis conocer vuestro pasado, observad vuestro presente: es la consecuencia de vuestro karma, de la energía presente generada en el pasado. Si deseáis conocer vuestro futuro, observad vuestro presente: vuestro futuro será consecuencia de vuestras acciones presentes.

En el camino, Buda recuerda que es importante respetar la moralidad, la disciplina y la ética. El discípulo debe tender hacia la palabra justa, hacia la acción justa y hacia los medios de existencia justos. Por último, debe entrenarse en la disciplina mental y en la meditación y practicar el esfuerzo justo, la atención justa y la concentración justa.

Fragmento
El aprendizaje del maestro de Ikebana[13]

«Le pedí al que iba a convertirse en mi maestro que me enseñara el arte floral. Me mostró un ramo de flores, me pidió que lo observara bien, luego que lo deshiciera y después que volviera a componerlo de forma idéntica. Cuando hube terminado, vino a verme, asintió con la cabeza y me citó para la semana próxima. Al regresar a la semana siguiente, me enseñó otro ramo de flores, me rogó que lo observara, luego que lo deshiciese y que volviese a hacerlo. Cuando hube acabado, asintió de nuevo con la cabeza y me dio cita una semana más tarde. Este proceso duró tres años. Durante este tiempo no tuve otra ocupación que deshacer y rehacer ramos. Un día mi maestro me enseñó un ramo, me pidió que lo observara, que lo deshiciera y que volviera a hacerlo. Cuando hube terminado, me pareció que un tallo estaba mal colocado y me atreví a cambiarlo de posición[14]. Cuando el maestro vio el resultado, sonrió y dijo: "¡Ah!, se ha dado cuenta de que había cometido un error. Está bien. Podemos empezar el aprendizaje"».

El papel predominante de la práctica en la meditación y el psicoanálisis

De poco sirve comprender intelectualmente lo que son el psicoanálisis y el budismo zen o la meditación.

---

13 Arte floral.
14 En Japón hacer algo distinto del maestro es sumamente atrevido.

En Occidente estamos acostumbrados a ir del estudio teórico a la práctica. Estudiamos en la escuela antes de enfrentarnos al mundo laboral; aprendemos un idioma antes de hablarlo. Sin embargo, la teoría nace de la práctica. Cuando los niños se ven inmersos en un idioma que aún no conocen, pueden aprenderlo en pocas semanas. Nosotros lo estudiamos durante años y obtenemos resultados decepcionantes.

Cuando Buda da por terminada la larga meditación que le lleva al despertar, exhorta a sus discípulos: «Sobre todo, no me creáis. He seguido un camino y voy a enseñároslo, pero nadie podrá tomarlo en vuestro lugar». Sería tan poco lógico estudiar sin practicar como estudiar un mapa de carreteras sin salir jamás de casa. El zen y el psicoanálisis giran en torno a la práctica.

El budismo subitista y el budismo progresista

Enseñanza
Jinshu

Eno, un joven pobre y analfabeto, se fue al templo del maestro Konin después de haber escuchado a un monje recitar el sutra de la gran sabiduría trascendente. En el monasterio lo aceptaron como ayudante de cocinero. Cuando Konin deseó tener un sucesor, pidió a sus discípulos que escribiesen un poema sobre cómo entendían el zen. Tras leer los escritos Konin decidiría quién sería su sucesor. Jinshu, el discípulo destacado, escribió sobre el muro del templo: «Nuestro cuerpo es como el árbol de la Bodhi[15]. Nuestro espíritu como un espejo precioso. Por eso debemos limpiarlo cada día para que no se le ponga el polvo». Eno, que no sabía leer, pidió que le leyeran el poema. «Este no es el verdadero zen», repuso, una vez hubo escuchado el poema, y pidió que escribiesen por él: «No hay árbol de la Bodhi. Ni espejo precioso. Todo es vacuidad. ¿Dónde podría entonces ponerse el polvo?».

Para Jinshu, la práctica lleva progresivamente al despertar y permite conservarlo: representa al budismo progresista. Para Eno, el despertar es inmediato, aquí y ahora. Encarna el budismo subitista.

Las primeras enseñanzas de Buda parecen graduales: observar el dolor, observar sus causas, tomar el camino que permitirá erradicar las causas, despertarse. Pero una vez ha despertado, el sabio se da cuenta de que no hay nadie a quien despertar. Que todo es perfecto desde el origen.

Nangaku le dice a su maestro Eno: «Practicar para alcanzar el despertar no es difícil. Pero es muy difícil acabar con las impurezas». Vemos que no es tan simple desempatar a los dos equipos. Quizá los dos tengan

---

15 El árbol al pie del cual Buda se despertó es conocido como el árbol de la Bodhi.

razón, según adoptemos un punto de vista relativo o absoluto. Gradualmente, nos daremos cuenta de que no hay nadie a quien despertar y de que el despertar es aquí y ahora. Buda ofrecía diferentes discursos en función de su auditorio. Tanto podía dar consejos de gestión a unos como exhortar a sus monjes a abandonar cualquier apego. Una misma enseñanza podía comprenderse a diferentes niveles. Por ejemplo, la impermanencia: a nivel relativo, unos comprenden que todo apego conduce obligatoriamente al dolor y se esfuerzan en trabajar el desapego para evitar sufrir. Pero a nivel absoluto podemos darnos cuenta de que si todo es impermanente, entonces no podemos captar la esencia de nada. Que los fenómenos emergen de la vacuidad y vuelven a la vacuidad. Que no hay pues nada a que apegarse ni nadie a quien apegarse.

Fragmento
El Fukanzazengui del maestro Dogen[16]

Si para Freud el sueño es la «puerta grande» hacia el inconsciente, para los budistas zen la meditación es la «puerta grande» hacia el despertar. Hace casi mil años, el maestro Dogen, precursor del zen en Japón, se fue a

---

16 Fragmento del Fukanzazengi del maestro Dōgen (1200-1253), fundador de la escuela Sōtō de budismo zen en Japón.

estudiar el Ch'an a China. Al volver enseñó Fukanzazengui, la práctica del zazen, un texto que no ha perdido ni un ápice de actualidad:

«La Vía es perfecta, lo penetra todo. ¿Cómo podría depender de la práctica y de la realización? El vehículo de la Vía está libre y desligado de cualquier atadura. ¿En qué medida es necesario el esfuerzo concentrado del practicante? La Vía se halla exactamente donde nos hallamos. ¿Para qué ir aquí o allá a practicar?

Sin embargo, si hay un solo cabello, por fino que sea, entre nosotros y la práctica, entonces la Vía está tan alejada de nosotros como el cielo lo está de la tierra. Si manifestamos la más mínima preferencia o la más mínima antipatía, el espíritu se pierde en la confusión. ¿Hay necesidad de hablar de Buda, que poseía el conocimiento trascendente? Sentimos aún la influencia de los seis años que vivió, sentado en zazen, en una completa inmovilidad. Debéis abandonar pues una práctica basada en la comprensión intelectual. Debéis aprender a darle la vuelta a lo que dirige vuestra luz hacia el interior para iluminar vuestra auténtica naturaleza. El cuerpo y el espíritu se borrarán por sí mismos. Debéis practicar sin demora el despertar.

Para la práctica del zazen conviene una habitación silenciosa. Comed y bebed con moderación. Rechazad cualquier compromiso y abandonad cualquier asunto. No penséis «esto está bien, esto está mal». No toméis parte ni a favor ni en contra. Parad cualquier movimiento del espíritu consciente. No juzguéis pensamientos ni perspectivas. No tengáis ni siquiera el deseo de convertiros en un Buda. Donde tenéis la costumbre de sentaros, extended una estera espesa y colocad un cojín encima. Sentaos en posición de loto o bien de semiloto. En la posición del loto, poned primero el pie derecho sobre el muslo izquierdo y el pie izquierdo sobre el muslo derecho. En la posición de semiloto, contentaos con poner el pie izquierdo sobre el muslo derecho. Aflojaos la ropa y el cinturón para que os resulten confortables. Después colocad la mano derecha sobre la pierna izquierda y la mano izquierda mirando hacia arriba sobre la mano derecha. Las extremidades de los pulgares se tocan. Sentaos bien rectos, en una actitud corporal correcta, ni inclinados a la izquierda ni inclinados a la derecha, ni hacia delante ni hacia atrás. Aseguraos de que tenéis las orejas alineadas con los hombros y que tenéis la nariz en vertical con el ombligo. Situad la lengua hacia delante contra el paladar, la boca está cerrada, los dientes se tocan. Los ojos deben permanecer siempre abiertos y debéis respirar suavemente por la nariz. Cuando hayáis adoptado la postura correcta, respirad profundamente una vez, inspirad y expirad. Inclinad vuestro cuerpo a la derecha y a la izquierda y permaneced inmóviles en una posición sentada estable.

Pensad en no pensar. ¿Cómo pensamos en no pensar? Yendo más allá del pensamiento. Esto es en sí mismo el arte esencial del zazen. El zazen del que hablo no es el aprendizaje de la meditación, no es más que el Dharma de paz y felicidad, la práctica-realización de un despertar perfecto. El zazen es la manifestación de la realidad última. Las trampas y las redes no pueden alcanzarlo nunca. Cuando os habéis apoderado de su corazón, sois como el dragón al entrar en el agua o como el tigre al adentrarse en su territorio, en la montaña.

Hay que saber que, en este instante preciso, cuando practicamos zazen, se manifiesta el verdadero Dharma y que desde el principio alejamos la relajación física y mental y la distracción. Al levantaros, moveos suavemente y sin prisa, con calma y a conciencia. No os levantéis súbitamente o con brusquedad.

Esta práctica está más allá de lo que el hombre oye y ve. ¿No es acaso un principio anterior a los conocimientos y a las percepciones? Poco importa que seamos inteligentes o no. No hay diferencia entre el tonto y el sagaz. Concentrar nuestro esfuerzo en un solo espíritu equivale en sí mismo a practicar la Vía. La práctica-realización es pura por naturaleza. Avanzar es cuestión de regularidad.

¿Por qué abandonar el asiento que tenéis reservado en casa para errar por las tierras polvorosas de otros reinos? Un solo paso en falso y os separaréis de la vía recta trazada frente a vosotros.

Habéis tenido una suerte única, la de adoptar forma humana. No perdáis vuestro tiempo. Aportáis vuestra contribución a la obra esencial de la Vía de Buda.

Forma y sustancia son como el rocío sobre la hierba, el destino semejante a un relámpago que se desvanece en un instante.

Os ruego, honorables discípulos del zen, acostumbrados desde hace mucho tiempo a tantear al elefante en la oscuridad, que no dudéis del verdadero dragón. Consagrad vuestras energías a la Vía que nos muestra el absoluto sin rodeos.

Respetad al hombre realizado, que se sitúa más allá de las actividades voluntariosas: colocaos en armonía con la iluminación de los Budas; heredad el samadhi[17] de los Patriarcas.

Comportaos siempre así y seréis como son ellos.

Vuestra cámara del tesoro se abrirá por sí misma y la utilizaréis como mejor os parezca».

---

17 Samadhi: Estado de concentración profundo.

La función de la asociación libre en el psicoanálisis

Tras abandonar la hipnosis y descubrir el poder liberador de la palabra, Freud estudia la sugestión: coloca la palma de su mano sobre la frente de su paciente, acoge sus palabras, las reformula, aconseja… Pero Freud busca explorar el inconsciente y acabará sustituyendo la sugestión por la libre asociación. Entonces el paciente se tumbará para facilitar la regresión mental, para decir todo lo que le pasa por la cabeza sin elegir o retener nada y para no distraerse observando al terapeuta y esperando descubrir en él una reacción. La expresión de su inconsciente mediante el relato de sus sueños, los lapsus que pueda tener y el material que proporciona con sus asociaciones debe llevarle a la catarsis, a la purificación de sus deseos y de sus traumas inconscientes.

El psicoanalista interviene poco durante la cura: se limita a reformular o a proponer la interpretación de un símbolo o de un significante[18] que facilite la toma de conciencia y la puesta al día del inconsciente del paciente.

---

18 El significante es el contenido latente de un término utilizado. Puede ser distinto del significado aparente.

Testimonio
Mi experiencia durante el Rohatsu[19]

«Principios de diciembre. Son las cuatro y media de la mañana y suena una campana en el pasillo: toca levantarse. A las cinco, meditación. A las seis y diez vamos al refectorio a beber un bol de agua caliente salada. Hace mucho frío, pienso. Seis y media: meditación. Siete cuarenta: ceremonia. Ocho: desayuno un bol de arroz. A las nueve, nos damos una ducha rápida y pelamos verduras y hortalizas para la comida. Tocan las once: meditación. Me duelen las rodillas, pienso. Comemos a las doce y media. Después, nos tumbamos un rato. A las dos y media suena la campana en el pasillo y nos levantamos. Tres de la tarde: trabajo en común.

Los otros no son simpáticos, pienso. Cuatro de la tarde: meditación hasta las seis y diez. Seis y media: como en silencio, concentrado en los alimentos, los gestos. A las siete y media de la tarde, meditación. Nueve y media: final de jornada. Nos acostamos. Estoy molido, me duele todo.

Son las cuatro y media, suena la campana en el pasillo. No quiero levantarme. Quiero chocolate, unos brazos tiernos. Me contengo. Abajo hace frío, es insoportable. Cinco: meditación. Me duele, esto va a durar aún todo el día.

Después, algo se afloja, tiro la toalla. No soy el dolor, no soy el cuerpo, no soy el pensamiento. Observo la respiración, dejo pasar los pensamientos y las sensaciones. A las seis y diez, camino del refectorio, un viento helado

---

19 Rohatsu: ocho de diciembre. Los Sesshin rohatsu son periodos de meditación particularmente intensivos, pues conmemoran la fecha del despertar de Buda.

CONCEPTOS Y PRÁCTICAS CLAVE

penetra por el cuello de mi kimono. ¡Qué felicidad! El bol de agua salada se ha preparado con ciruelas *umeboshi* y algas y tengo ganas de reír. Aquí y allá, las caras se iluminan. Veo sonrisas. Regreso al dojo, el sol rojizo por encima de la frondosidad de los árboles. ¡Qué alegría! Cada sensación, cada percepción se transforma en felicidad.

Nos separamos cuatro días más tarde. Nos abrazamos: una lágrima por aquí, una sonrisa por allá, ni una palabra. Una evidencia: la condición natural del hombre es la felicidad.

3

Propuesta para superar el dolor y alcanzar la sabiduría con la meditación y el psicoanálisis

«Protegerse a sí mismo es proteger a los demás.
Proteger a los demás es protegerse a sí mismo».

SAMYUTTA NIKAYA

«La victoria engendra el odio, el vencido
vive en el sufrimiento. El apacible vive feliz,
abandonando victoria y derrota».

DHAMMAPADA

«El origen de cualquier alegría en este mundo
es la búsqueda de la felicidad del otro.
El origen de cualquier dolor en este mundo
es la búsqueda de la propia felicidad».

SHANTIDEVA

Vivir genera dolor

¿Existe algo que dé más miedo que un ruido desconocido en medio de la noche? El ruido nos asustará hasta que encendamos la luz y comprendamos que se trataba de una corriente de aire o de un ratoncillo inofensivo. Lo desconocido nos da miedo; no cabe en nuestras vidas. Por eso aquello que Jacques Lacan denominaba «lo real», aquello que no puede nombrarse, lo llenamos a partir de nuestro imaginario, a partir de una realidad que solo nos pertenece a nosotros.

No hay nada más desconocido que nuestro propio interior, que el inconsciente. Un inconsciente que se nos escapa, que en apariencia se manifiesta solo de noche, en sueños, y que sin embargo dirige nuestras vidas y guía nuestras elecciones.

¿Por qué nuestras elecciones inconscientes nos llevan al dolor? ¿Por qué el imaginario que construimos para pensar la realidad nos conduce hacia el dolor con tanta o mayor intensidad que hacia la felicidad? Y si sabemos que nuestro inconsciente y nuestro imaginario generan dolor, ¿no podríamos usarlos para emprender un camino de desarrollo personal?

Enseñanza
El silencio del conferenciante y el vacío de los auditores

Al principio de un coloquio un conferenciante se apoderó del micro. En la sala se hizo un respetuoso silencio, pues todos esperaban que se expresara. Sin embargo, el conferenciante permaneció callado durante no pocos minutos, inmóvil como una estatua. Después tomó la palabra e hizo una alocución sobre el silencio: «Cuando se instala el silencio, automáticamente los pensamientos se elevan».

En la pausa la gente se le acercaba. Una persona le dijo: «Al verle callado he pensado que se encontraba mal». El conferenciante le preguntó: «¿Se sentía usted mal en ese momento?». La persona respondió: «¡Sí! ¿Se ha dado cuenta usted de mi sofoco?», sin darse cuenta de que había proyectado en el orador su propio estado de ánimo. Otra persona le dijo: «Su silencio era una toma de poder insoportable, un instante más y habría abandonado la sala». Otras personas se acercaron para reprocharle o agradecerle el momento de silencio. Cada uno proyectaba sus pensamientos o su estado de ánimo o atribuía al tribuno una determinación. En realidad, cada uno había llenado el vacío a su manera.

Terapia
Natalia

—Somos ocho hijos y nuestros padres eran muy ricos. Cuando murieron, mis dos hermanos mayores se aliaron para desheredarnos al resto. Vengo a verle porque querría demostrar que son perversos. Esto me ayudaría mucho en mi demanda jurídica. ¿Me comprende? Desde que se inició el procedimiento no puedo dormir. No soportaría estar desposeída.

—¿Qué edad tiene?

—Sesenta y ocho años.

—¿Cuánto tiempo hace que está en marcha el procedimiento?

—Veinte años.

—Entonces, ¡debe de estar a punto de acabar!

—Los abogados dicen que podría durar diez años más.

—¿No se ha planteado nunca dejarlo correr?

—Es como si estuviese encordada a ellos en una pared en alta montaña.

—¿Cómo si hubiera un cordón umbilical entre ustedes?

—No lo entiendo.

—¿Qué pasaría si cortase la cuerda?

—Me precipitaría en el vacío...

Aceptar la felicidad

Los budistas ven en el apego a la felicidad y en la aversión al dolor las causas del propio dolor. Pero también existe lo contrario: una aversión a la felicidad y un apego al dolor. A menudo, en mi trabajo como terapeuta me encuentro con personas que, de forma más o menos consciente, esperan que a un momento de felicidad le siga otro de dolor. Para ellos se trata de una contrapartida, de un precio que hay que pagar.

Terapia
María y Ana

María fue criada por una madre histérica y depresiva. Cuando su madre tenía un buen momento, pronto entraba en una fase de depresión. En su vida de adulta, cuando

María vive un momento de felicidad automáticamente espera que le llegue un revés y está pendiente hasta del más mínimo detalle para confirmar que la «etapa de felicidad» ha llegado a su fin. Paradójicamente, cuando no pasa nada se angustia, porque no ve claro cuál será la causa de su próximo sufrimiento, y entonces se imagina todo tipo de cosas[1].

Ana fue criada por unos padres perversos. Cuando encuentra a un hombre bueno, prefiere alejarse de él. Antes de dejar a Víctor, su amante, y de volver junto a su marido, al que ella misma describe como un perverso, le dirá: «Prefiero estar con un cretino, al menos no me decepcionará»[2].

Antes de dar cualquier paso para salir del dolor, deberíamos conocer nuestras motivaciones. En efecto, cada síntoma posee lo que en psicoanálisis denominamos «beneficios secundarios», y muy a menudo somos los arquitectos de nuestro propio dolor porque buscamos sus beneficios. Antes de emprender

---

1 Alfred Hitchcock decía que lo que da miedo en una película de suspense no es el asesino o el monstruo, sino todo lo contrario, su ausencia y el suspense que precede su aparición.

2 Una primera interpretación me ha hecho pensar que un buen hombre podría resultar decepcionante si no se comportase como un ser ideal. Pero reflexionándolo de nuevo, me digo que el «cretino» no resultará decepcionante porque se comportará como un cretino permitiéndole a Ana mantener la ilusión necesaria de que los hombres son cretinos.

un camino de liberación, por lo tanto, deberíamos observar las causas de nuestro dolor y determinar cuáles son los beneficios secundarios del problema que tenemos. Después podremos expresar nuestros deseos con claridad. «Deseo salir del dolor por tal o cual motivo». El mero hecho de pronunciar nuestros deseos nos coloca en una vía positiva.

Ciertamente, si no seguimos un camino en concreto (psicoanalítico, meditativo u otro) no conoceremos ningún tipo de despertar. Pero primero debemos constatar nuestro dolor y los beneficios que pueden hacer que sintamos apego por nuestra situación actual.

Se dice: «Parirás con dolor». Si, como de hecho ocurre, esto se comprueba a menudo, convendría que el dolor fuese el caldo de cultivo que nos propulsara hacia el nacimiento y no una maldición programada desde la noche de los tiempos. Seríamos entonces como una planta que, con los pies en el barro, tiende hacia la luz. Como se dice en Oriente: «Las más bellas flores de loto crecen sobre el montón de estiércol más grande». Podríamos utilizar el dolor para acabar sintiendo fastidio por el apego a las causas que lo producen y como motivación para tomar un camino positivo.

Enseñanza
Los cuatro votos del boddhisattva[3]

Sean cuantos sean todos los seres, hago la promesa de salvarlos a todos.

Sean cuantas sean las pasiones, hago la promesa de vencerlas a todas.

Sean cuantos sean los Dharma, hago la promesa de adquirirlos todos.

Sea lo perfecta que sea la vía del Buda, hago la promesa de llevarla a cabo.

Conocer nuestros valores esenciales

Durante la evolución psicosexual del niño, cuando las primeras prohibiciones, se desarrolla una nueva instancia esencialmente inconsciente: el Ideal del Yo. Si no responde a las expectativas de sus padres, temerá que estos le retiren su amor: «Sé bueno, bueno como la estampa de un santo». La retirada del amor por parte de los padres significaría el fin de su colaboración, es decir, su abondono. En esta primera fase narcisista, el niño intenta aproximarse todo lo posible a la expectativa de los padres o, mejor dicho, a la idea que se hace de lo que son las expectativas de sus referentes.

---

3 Shiguseigan: Los cuatro votos que se recitan cada día en los monasterios zen.

Si los padres le proporcionan suficiente seguridad, el niño seguirá evolucionando; si no, corre el riesgo de pasar el resto de su vida tratando de comprobar el amor del Otro con juegos o justas narcisistas sin fin. Una segunda fase de este mismo proceso tendrá lugar durante el encuentro con el sujeto y el grupo, con la sociedad. En cuanto sienta el más mínimo rechazo, deberá doblegarse a lo que cree que son las expectativas de la comunidad: vestirse como todo el mundo, pensar y actuar como se supone que hay que hacerlo.

Terapia
Jorge

A Jorge le gustaría desempeñar un trabajo relacionado con la naturaleza, pero su madre quiere que sea ingeniero, como su padre. Tras aprobar los estudios superiores y obtener el título de ingeniero, Jorge se convertirá en trabajador ferroviario en un pequeño pueblo. Así es como logrará conciliar un Ideal del Yo y un Yo Ideal opuestos y permanecer equilibrado.

Inconscientemente, el Ideal del Yo dirige nuestras vidas e impide que nos individualicemos. Para salir de los esquemas que nos conducen al dolor, es esencial comprender nuestros valores esenciales (Yo Ideal) y alejarnos de los valores sociales que no nos convienen (Ideal del Yo impuesto).

Cualquier camino de vida que no perjudique de manera concreta a los demás es respetable.

Mondo
¿Por qué resulta tan difícil hacer las cosas fácil?

—¿Podéis decirme por qué es tan fácil hacerlo todo difícil? ¿Y por qué es tan difícil hacerlo fácil? —La costumbre... ¿Otra pregunta?

Superar la compulsión de repetición

La compulsión de repetición tiende a llevarnos hacia problemáticas extrañamente parecidas a las de nuestra infancia. Nuestro inconsciente nos empuja a revivir una y otra vez estas escenas generadoras de sufrimiento, hasta que logremos resolver nuestro problema y desprendernos de la angustia correspondiente. Freud dice: «Lo que ha quedado incomprendido vuelve como un alma en pena, y no hay descanso hasta que se encuentra la solución y la liberación». El problema fundamental es que estas problemáticas (deseos insatisfechos, necesidad de venganza, de reconocimiento, de lealtad, de amor, etc.) permanecen inconscientes. Estos fantasmas, salidos directamente de nuestra infancia, nos llevan a actuar como niños cuando nos encontramos confrontados a ellos de nuevo. Con el retorno de este tipo de situación, tendremos tendencia a vivir estados de regresión ansiógena, y no de liberación. La solución o la liberación no llegarán hasta que reconozcamos estas pulsiones. El trabajo analítico puede facilitar la expresión, la simbolización y la puesta al día de este inconsciente.

Terapia
Víctor

Víctor tiene la sensación de que su padre está celoso de él y muchos acontecimientos concretos se lo han confirmado. También ve a su madre depresiva y fantasea con curarla. Siendo adulto, Víctor se hace médico y solo encuentra parejas que están mal y que lo arrastran a sus marasmos.

Ya sea para permanecer leal a las expectativas supuestas de nuestros padres o del grupo al que pertenecemos o porque tenemos tendencia a repetir esquemas, nuestros programas alienan nuestro libre albedrío y nos conducen a menudo hacia el dolor.

Todo camino de vida o espiritual podría empezar por un trabajo sobre uno mismo, con el objetivo de encontrar los programas inconscientes de cada uno y, llegado el momento, renunciar a la idea de satisfacer a los demás a toda costa.

Cuando yo mismo empecé mi terapia, hacía diez años que practicaba la meditación. Enseguida me di cuenta de que mi práctica meditativa se volvía más apacible y mi meditación más profunda.

Terapia
Roberto

—Y cuando ella me dejó, sentí una angustia fuera de lo normal. ¡Pero si no estaba tan enamorado!

—¿Se había sentido ya abandonado en su infancia?

—No, que yo recuerde. Pero parece que cuando era muy pequeño permanecí separado de mi madre durante tres meses porque tenía una enfermedad contagiosa.

—Cuando estamos angustiados podemos plantearnos una terapia para darle sentido a lo que nos ocurre e intentar liberar esta angustia a través de la palabra. Pero, ¿cómo podría pedir terapia un bebé que aún no tiene acceso a la palabra? Pues a través de la repetición.

—Tiene razón, lo que estoy viviendo ahora se parece mucho a lo que debí de vivir en aquella época. Y la angustia que siento no tiene relación con lo que he padecido recientemente.

Observar el dolor sin rechazarlo ni retenerlo

Si llevamos a un niño pequeño al médico para ponerle una inyección por primera vez, nos seguirá tranquilamente. Si lo llevamos una segunda vez, habrá gritos y dolor. Pero una inyección no hace tanto daño... ¿Por qué reacciona el niño de este modo? ¿Se habrá sentido traicionado por primera vez?

Si cada deseo produce energía y crea una tensión hasta que esta energía es expulsada, lo mismo ocurre con las aversiones. El ejemplo de la inyección nos recuerda la diferencia entre dolor y sufrimiento. Más que dolor, es la aversión al dolor y a las tensiones que genera lo que nos conduce al sufrimiento. La no aceptación de que «es así», el rechazo de la realidad tal y como nos viene dada, tiene mucho que ver con nuestro encuentro con el sufrimiento. Lo que nos arrastra hacia el umbral del sufrimiento es un exceso de tensión. Y cada deseo, cada pensamiento y cada aversión aumentan nuestro nivel de tensión.

Aceptar nuestra condición, mirar nuestros problemas de frente, observar el dolor sin apropiárselo, sin identificarse con él, rebaja nuestras aversiones, destruye una parte de nuestras tensiones y disminuye nuestro sufrimiento.

Terapia
Juan

—Después de nuestra separación, mi mundo se desmoronó. Recuerdo que recibí una carta de un agente judicial en pleno corazón de la tormenta. Decía que, como no había saldado una deuda, vendría con un delegado del Gobierno y con un cerrajero para llevarse mis muebles. Toqué fondo... Experimenté un sufrimiento enorme. Por la noche, ya acostado, era incapaz de conciliar el sueño. Me retorcía de dolor en mi cama, pensaba que no valía nada y que lo único que me quedaba por hacer era poner fin a mi vida y acabar con todo. Después el dolor se volvió físico. Tenía la sensación de tener un clavo en el estómago, un clavo que quería salir... Al fin, de repente, me dije que quizás era una suerte. Tenía demasiadas cosas y el agente judicial me ayudaría a vaciar el piso. Con este pensamiento desapareció la tensión y pude dormir. Al día siguiente me dije que el agente judicial no tenía nada que ver con mis deudas, de modo que le facilitaría las cosas. Le llamé para preguntarle cuándo pensaba venir. Desconfiado, me contestó que no tenía porqué decírmelo. Además, quería saber por qué estaba interesado en saberlo. Le dije que para recibirle mejor, facilitarle las cosas y prepararle un café. Entonces me dijo que no era obligatorio que viniera, que bastaba con que enviara cien francos para parar el procedimiento. «¡Ah, eso sí que no! Tengo demasiadas cosas en mi casa y cuento con usted para que me ayude a vaciarla». A continuación, le hice el inventario de lo que podría llevarse. Me colgó el teléfono en las narices, diciéndome que me las apañase con la ONG para aliviarme. No volví a saber nunca nada más de él.

—¿Esto es manipulación?

—No conscientemente. Creo que sufría tanto que, en el transcurso de la noche, mi mente me envió este pensamiento para anestesiarme. Sin embargo, después pude constatar que tener menos era bueno para mí y que, en efecto, por más duro que resultara, aquel periodo también representó un golpe suerte y una oportunidad de cambio.

Construir un entorno sanógeno

A menudo la falta de confianza en nosotros mismos (lo que llamamos nuestras «fallas narcisistas»), nos lleva a las personas tóxicas y nos hace aceptar los ataques perversos. Al pensar que no valemos nada, al buscar nuestra imagen sin cesar, nos volvemos una presa fácil.

Esto ocurre cuando nuestro narcisismo no está suficientemente desarrollado. Como hemos visto antes, la paradoja del buscador de sabiduría consiste en encontrar primero su imagen y luego abandonarla.

Enseñanza
Narcisismos

Un narcisismo insuficiente conduce a una falta de confianza en uno mismo.

Un narcisismo suficiente genera confianza en uno mismo.

¿A dónde nos lleva un narcisismo excesivo?

El trabajo psicológico permite encontrarse consigo mismo, descubrir «defectos», virtudes, capacidades y límites y alcanzar una mayor humildad. Con el tiempo, la terapia suele hacernos ver que cuando nuestro espíritu cambia, nuestro entorno también cambia. Dejamos de interesar a aquellos que disfrutaban con nuestras neurosis. Algunos se van, otros se adaptan y también aparecen personas nuevas.

Todo trabajo sobre uno mismo pasa por la observación del entorno, por evitar a las personas y los lugares tóxicos y por localizar personas y lugares sanógenos[4] que nos empujen hacia adelante.

Terapia
Juan

Cada vez tenía más problemas económicos, hasta el punto de no poder pagar el alquiler. Tuve que mudarme a una vieja masía en la Camarga en la que me alquilaron un pequeño estudio. Encontré un trabajo a tiempo parcial en el pueblo de al lado, a unos diez kilómetros. Una mañana de invierno nevó mucho. Yo estaba solo en la casa. A la hora de salir, mi coche, al que no había podido pasar la revisión, se negó a arrancar. «¡Maldición!», pensé. Decidí ir a pie. Tras andar algunos kilómetros me encontré en medio de arrozales helados y recubiertos de nieve. Dejé de andar: observé la blancura inmaculada de los arrozales, saboreé el gélido Mistral y aprecié el silencio absoluto que reinaba en el lugar. Sentí que me invadía una ola de felicidad. Si mi coche hubiese arrancado no habría vivido aquello. No era una maldición: al contrario, comprendí que aquel momento era una bendición. Me transformó por completo.

---

4 Sanógeno: Que promueve la salud. Neologismo del autor. (N. de la t.)

Cuidar de nuestro entorno

Los budistas se observan a sí mismos desde el punto de vista del cuerpo, de la palabra y del espíritu. Los psicoterapeutas pueden adpotar el punto de vista del biotipo, del biotopo y de la psicología:

— El biotipo es nuestra constitución fisiológica, sobre la que tenemos poco margen de acción[5].
— El biotopo es el mundo en el que evolucionamos. Constituye nuestra realidad externa.
— La psicología está compuesta por nuestra estructura psíquica, por nuestros afectos reprimidos y por nuestras convicciones conscientes e inconscientes. Es nuestra realidad interna.

Cuando piensan en el cuerpo, en la palabra y en el espíritu lo hacen tanto desde una perspectiva interna como externa. Desde una perspectiva externa, el espíritu es el espíritu de Buda, la palabra es el Dharma (la enseñanza) y el cuerpo es el Shanga (la comunidad de practicantes). En el camino hacia el despertar es muy importante elegir un Shanga equilibrado, un Shanga en el que nos sintamos lo suficientemente seguros

---

5 Si bien no podemos actuar directamente sobre nuestra constitución fisiológica, sí que podemos adoptar un régimen y unas prácticas físicas que se adapten a nuestra constitución.

como para relajarnos y en el que nos esforcemos por respetar el bienestar de los demás.

Sonreír frente a la imperfección del ser humano

Enseñanza
El sufrimiento colectivo

Imagina. Sales del trabajo, vas a buscar el coche, pero alguien ha aparcado justo detrás y te impide salir. Cuando llega, le sueltas toda tu rabia. Es comprensible, porque tienes prisa. Cuando vuelves a casa te encuentras con las personas que comparten tu vida. Si te sientes cercano a ellas, les explicarás tu rabia y las convertirás en tus cómplices: «Qué cretino, ¿no?». Si te sientes distante, quizá salgan a relucir tus pulsiones agresivas: «Ojo, ¡estoy de muy mal humor!» El conductor que te haya importunado también portará parte de la rabia que hayas proyectado en él, e incluso una buena dosis de culpabilidad. Es probable que él también exporte o dirija contra sí mismo esta energía...

Una energía que se sumará a otras energías. El arroyo se transformará en río y alcanzará a un número cada vez mayor de personas. Cada vez que sentimos que tenemos derecho a sentir rabia o frustración, acabamos exportándola. Y así es como contribuimos al sufrimiento colectivo.

Cáncer, depresión, alcoholismo, bulimia, celos, neurosis... El mundo es un océano de sufrimiento de una profundidad insondable. Este dolor, una vez más, lo generamos y lo regeneramos nosotros mismos. Se origina en el desconocimiento de nuestra verdadera naturaleza.

Antes de alcanzar el despertar, podríamos «entrenarnos» para adoptar una actitud justa y desdramatizar las situaciones que a menudo nos sirven de pretexto para desahogarnos o nos tocan donde ya dolía[6].

La comprensión del karma no debe traducirse en órdenes suplementarias a nuestro Superyó, que de por sí suele ser tiránico, si no que debe ayudarnos a observar las energías que activamos. En otras palabras: frente a la apariencia infantil de los que no respetan a los demás y de nuestras propias reacciones, ¿por qué no sonreír?

Por encima de todo, no debemos bloquear nuestra rabia, sino observarla, dejarla pasar. Sonreír a quien nos bloquea el camino o nos agrede lo coloca en una situación embarazosa, le obliga a reflexionar, mina todas las represalias posibles y nos libera de gran parte de nuestra energía negativa.

Se dice que el aleteo de una mariposa puede causar una tormenta en la otra punta del mundo. Ni siquiera en los detalles podemos actuar de manera irresponsable.

---

6 El ejemplo del coche activa otra angustia: «No soy lo bastante importante para que me presten atención».

Hace miles de años, Buda exhortaba: «La atención justa, la palabra justa».

Terapia
Juan

«Lo que me ha ayudado más a atravesar este periodo difícil ha sido mi práctica de la meditación. Por eso en su momento me pareció lógico crear un dojo: quería compartir los beneficios de la meditación con el mayor número posible de personas.

Para dar a conocer el proyecto, pedí a un prestigioso maestro zen que diese una conferencia. Lo preparé todo al dedillo: imprimí folletos, los distribuí, publiqué artículos en los periódicos, alquilé una sala, etc.

Cuando llegó el maestro no tenía más que sentarse y esperar a los asistentes. Pero primero quiso ver un folleto. Cuando lo vio, no hizo más que criticar. Me recriminó muy especialmente que no apareciese ningún número de teléfono: "Eres como un pescador que prepara todo su material, pero al que se le olvida poner el anzuelo en su caña".

¡Después de todo lo que había hecho! Sentí que me invadía la rabia frente a tanta ingratitud. Sentí que la energía que subía desde la parte baja del vientre me invadía por completo. Cuando me crucé con la mirada del maestro, tomé la decisión de dejar que la energía saliera y observarla. Entonces vi que se dispersaba y sentí pequeñas burbujas que parecía que tuvieran que estallar en mi corazón. Fue una experiencia enriquecedora y que además me permitió estar muy presente y muy concentrado durante las horas que siguieron».

La energía que genera la rabia no tiene nada que ver con el pasaje al acto. El pasaje al acto impulsivo no hace más que confirmar nuestra incapacidad para dejar atrás nuestros escenarios mentales.

Evitar el autoengaño

«Quien es demasiado corrupto se hace a sí mismo lo que le desearía un enemigo».

DHAMMAPADA

Terapia
Alan

«Después de nuestra separación, Mónica contactó con todo mi entorno: familia, amigos, etc. Después me acusó, el día de mi cumpleaños, de hablar mal de ella con algunos amigos suyos. Por más que le dije que aquello era mentira, su hermana se puso en contacto conmigo para avisarme de que habían ido a la policía para denunciar mis maniobras. Un año más tarde me encontré con Mónica por casualidad. Quise volver sobre lo sucedido y explicarle lo que había aprendido sobre las órdenes paradójicas: «Imagina que te reprocho que seas morena (Mónica es muy morena). Tendrías dos posibilidades: enviarme a paseo o teñirte de rubio. Ahora imagina que te reprocho que seas rubia. Tendrías dos posibilidades, cortar la relación conmigo o, si te adhieres a mi discurso, volverte loca. Lo peor en nuestro caso es que si realmente hubiese querido perjudicarte, hoy te pediría perdón, lo que podría acercarnos de nuevo, mientras que, si soy honesto y mantengo que efectivamente nunca hice nada para herirte, más me vale cortar contigo. Los que te mintieron siguen siendo tus 'amigos' y siguen a tu lado, mientras que los que te han dicho la verdad deben alejarse y protegerse».

El testimonio de Alan expresa bien lo que es una orden paradójica y demuestra que la mentira pervierte la realidad, conduce a un karma patógeno, atrae a personas malsanas y aleja a las demás.

¿Qué es la realidad sino aquello que nos rodea o, mejor dicho, el modo en que lo percibimos y el modo en que se nos presenta subjetivamente? Podemos malinterpretar las señales que se nos presentan y vivir en nuestra propia realidad, porque nuestra realidad es más interna (subjetiva) que externa (objetiva).

Tomemos el ejemplo de Jaime, que es médico. Está casado, pero le gusta seducir a jovencitas a las que puede impresionar con su profesión. Cuando ha logrado «descargarse», vuelve junto a su mujer, pero se siente culpable. Con el tiempo, decide empezar un psicoanálisis. Desde entonces, sigue engañando a su mujer, pero ha dejado de sentir culpa. En realidad, descarga su culpa en el psiquiatra, lo cual le permite volver a empezar. Uno hace con la realidad lo que le viene en gana.

Ser nuestro propio refugio

La Revolución francesa, Freud y Marx han debilitado mucho a la Iglesia, al menos en Europa occidental, donde vivo. Aunque esto está muy bien, ¿es posible que se nos haya olvidado sustituirla? Alejarnos de quienes nos someten parece lógico. Pero, ¿qué hacer con nuestra necesidad de espiritualidad?

La observación «mecánica» que nos propone el budismo consiste en observar las energías presentes en el mundo, pero sin juzgarlas («Esto está bien; esto está mal»). Por eso pensamos que vivir de acuerdo con una ética personal, lo más cerca posible de la verdad, es sanógeno. Los que abusan de la mentira viven en un mundo falso, un mundo que no permite ni alegría verdadera ni elevación espiritual.

La ética de muchas iglesias acepta el proselitismo: evangelización, Yihad, etc. Creo que hemos entendido mal este concepto, que lo hemos deformado, porque a menudo el proselitismo conduce a la guerra y la evangelización al expolio de los territorios «evangelizados» (o colonizados).

El mensaje original de las religiones parece haberse olvidado por completo. ¿Acaso la Yihad no debería ser ante todo interior? ¿Acaso no debería ser un proceso para alcanzar la paz en uno mismo? Entonces sí, automáticamente, involuntariamente, ejerceríamos una influencia positiva sobre el mundo que nos rodea.

Jesús decía: «Al que te quite la capa, no le niegues tampoco la túnica». El camino que propone pasa por deshacerse del deseo de propiedad y, es cierto, por una buena dosis de generosidad. La evangelización católica ha llevado a la creación de uno de los estados más ricos del mundo: el Vaticano.

El verdadero proselitismo consiste en cultivar las propias cualidades interiores de paz, de generosidad y de indiferencia. Lo que podríamos llamar egoísmo altruista consistiría más en la fidelidad y la honestidad que en querer satisfacer el propio ego.

El psicoanálisis demuestra que hemos introyectado valores inconscientes (Superyó) a menudo opuestos a deseos también inconscientes (Ello). Los conflictos que se generan en el encuentro de estas diferentes pulsiones consumen mucha energía. También la introspección de nuestro inconsciente y la selección de nuestros valores nos permiten abandonar una culpabilidad desmesurada (neurosis) que no tiene razón de ser cuando ya nos hemos estructurado convenientemente. No olvidemos que es precisamente esta culpa la que nos obligó a estructurarnos. También cualquier tentativa de investigación psicoanalítica o espiritual debería apoyarse imperativamente sobre una ética madurada, reflexionada e integrada. Más aún, la persona que está en un camino de resiliencia o de transmutación deberá adherirse a esta ética y trabajar para construir una realidad sana en la que solo estén presentes personas sanógenas.

El psicoanálisis debería permitirnos acceder a una estructura psíquica suficientemente buena que podría sustituir a la Iglesia. Nuestro templo sería entonces un templo interior. Buda decía: «Sed para vosotros mismos vuestro propio refugio».

Valorar la buena amistad

Para Buda, la amistad y la armonía son las prácticas que llevan de pleno derecho hacia el despertar.

Enseñanza
Ananda

Buda tenía un secretario, su primo Ananda. Ananda era conocido por su amabilidad, su compasión, su buen humor y su capacidad de seducción. Después de vivir en el bosque junto a monjes que vivían en armonía y que se preocupaban en primer lugar del bienestar de sus correligionarios, Ananda le dijo a Buda:

—Verdaderamente, ¡oh, venerado!, me parece que la buena amistad es la mitad de la práctica hacia el despertar.

El maestro le responde:

—No, Ananda, la buena amistad es la totalidad de la práctica de la Vía.

Vivir el dolor de forma distinta

Si solo percibimos el aspecto negativo de nuestras experiencias, cualquier dificultad nos arrastrará hacia el dolor y no estaremos dejando espacio para la felicidad. Por eso decimos que muy a menudo somos los artífices de nuestra propia desgracia.

Testimonio
Juan

«El dolor se parece a las avispas. Cuanto más nos esforzamos en rechazarlo, más viene hacia nosotros. Si dejamos que se nos acerque, rápidamente dejamos de interesarle».

Comprender que el dolor puede ayudarnos en el camino hacia el despertar hará que vivamos las experiencias dolorosas de forma distinta. Nuestros enemigos (los que nos empujan hacia el sufrimiento) dejarán de ser considerados como tales y pasarán a ser personas que nos ayudan en nuestro camino. Cuando Juan termina su relación con Andrea, la detesta. Cuando más adelante consigue transformar su dolor y su cólera en energía de despertar, le escribe una carta para agradecérselo.

Colocarse en este estado de ánimo nos ayuda a no devolver un odio aparentemente justificado pero que no hace más que añadir sufrimiento y causas de sufrimiento a una situación poco sana, y esto nos aleja del despertar. Al contrario, devolver la compasión al otro nos ayuda a cuidarnos y limita las consecuencias negativas del pasado, tanto para nosotros mismos como para nuestro entorno. Así podemos evitar caer en el desprecio y el desdén y comprender que nuestros «enemigos» sufren exactamente igual que nosotros y que es posible que no hayan tenido, como nosotros, la suerte de encontrar el camino.

Terapia
Juan

Por las noches todavía me despertaba una angustia muy fuerte. Pensaba que no valía nada y que nunca lo superaría. Decidí utilizar los momentos de mayor ansiedad como herramienta de meditación: cuando se presentaba el sufrimiento, en lugar de rechazarlo o de identificarme con él, lo observaba. ¿De dónde venía? ¿A dónde iba? ¿Cuándo y cómo desaparecía? Esta práctica me permitió estar presente en el aquí y el ahora de una forma increíble. Era un verdadero soporte para la meditación. Después me di cuenta de que una parte esencial del sufrimiento no proviene de la angustia, sino de la aversión al dolor y de los pensamientos obsesivos que la acompañan.

Me dejé atrapar por la angustia unas cuantas veces más, pero a partir de entonces daba la bienvenida a aquellos despertares nocturnos con alegría, pues eran una nueva oportunidad para trabajar.

La perversión consiste en expulsar la energía del dolor y de la rabia sobre los demás con el único fin de sobrevivir. El perverso usa la energía para aguantarse en pie. Asustado por su intensidad, la proyecta hacia el exterior. El depresivo, incapaz de gestionarla o de proyectarla hacia el mundo, la vuelve contra sí mismo. La sublimación es un mecanismo de defensa inconsciente que consiste en desplazar y colocar esta energía al servicio de la sociedad. La resiliencia es un mecanismo consciente que permite utilizar las energías propias para estructurarse y estructurar un mundo suficientemente bueno alrededor de uno mismo. La transmutación consiste en observar esta energía sin hacer nada con ella, observarla sin retenerla ni rechazarla. Entonces la energía se pone al servicio de nuestros proyectos.

Entrenarnos en la compasión relativa y la compasión absoluta

Cualquier práctica que nos ayude a explorar nuestras heridas reprimidas y nuestros esquemas grabados en el cerebro, cualquier práctica que nos ayude a distanciarnos de nuestros deseos, nuestras aversiones y nuestros pensamientos, nos ayudará en el camino de la resiliencia y del despertar.

La compasión relativa es una actitud que nos ayuda a perdonar a los que parece que nos han causado dolor. Incluso si no nos parece natural, el entrenamiento en la compasión relativa nos acompañará en los caminos de la compasión absoluta.

La compasión absoluta es lo que descubre Shariputra durante su meditación, lo que encuentra el que practica la meditación cuando despierta frente a la naturaleza esencial del mundo. Según los budistas llamados progresistas, entrenarse con acciones positivas permite mejorar nuestro karma.

Buda tenía un enemigo, Devadatta, su primo, que estaba celoso de él y le tendía trampas sin cesar para destituirlo o matarlo y así ocupar su lugar. Buda decía que era necesario apoyarse sobre un maestro para poder despertar. Pero cuando le hacían ver que él se había despertado sin maestro, contestaba: «¡Yo tenía a Devadatta!».

Ejercitar la resiliencia y la renuncia

Nelson Mandela hizo de su vida una lucha por la libertad y por la liberación de su pueblo, que se hallaba sometido por un gobierno racista que utilizaba mecanismos perverso-narcisistas para justificar sus actos.

Su lucha le supuso treinta y cinco años de prisión. Cuando finalmente salió de la cárcel, dijo: «En prisión he descubierto la libertad». Más tarde fue presidente de la República sudafricana, abolió el apartheid y obtuvo el premio Nobel de la paz en 1993. Siempre se negó a vengarse de sus carceleros.

Renunciando a su deseo de libertad, Mandela descubrió la verdadera libertad interior. De este modo, su encarcelamiento, causa de tanto dolor, estuvo en el origen de su verdadera liberación.

Enseñanza
Avanzar gracias a los demonios

Decir que los enemigos nos ayudan en el camino del despertar no es solo una ilusión. Los ángeles te ayudarán a levantarte y los demonios disfrutarán haciéndote caer. Nadie te hará avanzar tanto como los demonios.

Boris Cyrulnik es un superviviente de la Shoah. Vivió el Holocausto siendo todavía un niño. Cuando hace un balance de su vida pasada, habla de «una maravillosa desgracia». Algunos psicólogos han explorado los factores que refuerzan la resiliencia, como la adquisición de recursos internos, el hecho de actuar y de tomar la palabra, determinados encuentros, la capacidad de dar sentido a lo que nos ocurre, el amor propio o el sentido del humor.

Estas cualidades se desarrollan de distintas maneras.

— Mediante el estudio. Aunque a veces la intelectualización pueda ser un obstáculo y alejarnos de la experiencia real, el estudio del trabajo de nuestros semejantes nos ayuda a dar sentido a lo que nos ocurre, a desarrollar nuestra motivación y a elegir un camino de resiliencia.

— Mediante la observación. Durante un proceso de desarrollo personal, la observación nos ayuda a identificar nuestro «funcionamiento por defecto» (el conjunto de «programas» que gobiernan nuestra conducta desde la infancia) y a encontrar nuestras antiguas heridas, a expresarlas y, de este modo, a desprendernos de ellas.

— Mediante los encuentros. Los encuentros pueden provocarse. Aunque a menudo al salir de una experiencia difícil queremos aislarnos del mundo, conviene contenerse y, por ejemplo, tomar parte en asociaciones en las podamos llevar a cabo actividades que nos gusten y nos permitan crear un vínculo.

En lo que se refiere al amor propio, encontrarse, encontrar nuestra propia imagen, nos hará menos sensibles a las críticas y nos enseñará a cuidar de nosotros mismos, a respetarnos a nosotros mismos y a respetar a los demás.

Terapia
Nathalie

«Me permito enviarle noticias alentadoras y que quizá puedan dar ánimos a otras parejas de perversos narcisistas: he vuelto a sentir, de manera espectacular, la alegría de vivir. Ocurrió a 5.000 metros de altitud, en caída libre, el fin de semana pasado. Pude experimentar mi confianza en la existencia. ¡Un salto en paracaídas es una formidable válvula de escape! ¡Si no hubiese conocido los tormentos de semejante relación conyugal, quizá no me hubiese atrevido nunca con lo imposible! El lado positivo de esta travesía del infierno es que al destruirte, estas personas te ofrecen la posibilidad de reconstruirte. Su poder destructivo se acaba en el preciso instante en el que retomas las riendas de tu vida. A su manera, mi pareja desbloqueó a la niña que era. Una niña hundida en sus miedos. He aprendido algo esencial: es necesario atravesar nuestra propia sombra para percibir la luz y, si es posible, mantenerse en el corazón de esta luz a la vez que seguimos andando por el camino de la existencia».

Comprender el Yin y el Yang como un ciclo

En el ciclo de la circulación de la sangre existen dos fases: la sangre impura penetra por el ventrículo derecho y es llevada a los pulmones y, una vez regenerada, es inyectada de nuevo en el cuerpo por el ventrículo izquierdo.

Con nuestra energía psíquica ocurre algo semejante: producimos acciones motivadas por nuestros esquemas inconscientes, generamos una energía kármica y luego padecemos sus efectos hasta que está purificada. En sánscrito, karma se refiere a la energía resultante de nuestras acciones pasadas. Cuando sufrimos, «quemamos» karma «negativo»; si ayudamos a los demás o si nos despegamos de fenómenos ilusorios, creamos karma «positivo». Por eso podemos acoger nuestro sufrimiento con alegría: porque nos libera. En caso contrario, sigue alimentando la aversión.

Buda se fracturó un dedo del pie por la agresión de su primo. Cuando quisieron saber si guardaba rencor a Devadatta, Buda explicó que su herida provenía de los errores que había cometido en el pasado. La causa era su propio karma y por lo tanto no albergaba ningún rencor contra su primo. Al contrario, le compadecía, porque él creaba un karma negativo que padecería en el futuro.

Teniendo en cuenta la enseñanza de Buda, ¿qué modos de transformación podemos contemplar? Los psicoanalistas recomiendan la observación de nuestra biografía, ya que en nuestra infancia hallaremos el origen de nuestros esquemas mentales y de nuestros traumas, energía de la que uno no pudo desprenderse durante la niñez.

Después, en la consulta del psicoanalista podremos acoger estas energías inconscientes en confianza, liberarlas o utilizarlas para nuestros proyectos. Pero es necesario comprender que el pasado no existe: también en psicoanálisis trabajamos con las energías que actúan en nuestro presente.

Prosiguiendo con la metáfora de la sístole y la diástole, los budistas progresistas proponen utilizar los recursos que ellos consideran necesarios para acoger la energía y transformarla. Por ejemplo: si nuestro karma está en el origen de nuestro sufrimiento, entonces realizar acciones «positivas» o actuar considerando al otro como alguien más importante que uno mismo reducirá el sufrimiento necesario para liberarse de la energía kármica y nos ayudará a progresar en el camino del crecimiento personal.

Los budistas subitistas nos dirán que, de la misma manera que no tenemos que pensar en los latidos del corazón para que se produzcan, durante la meditación tampoco tenemos que pensar cómo se gestiona nuestro espíritu. El maestro Dogen exhorta: «Pensad en no pensar». Si dejamos al espíritu en paz, se desarrolla de forma natural. Si acogemos los fenómenos de nuestra vida sin rechazarlos ni retenerlos, de inmediato se transforman en energía de despertar. Naturalmente, los fenómenos aparecen y desaparecen. La causa del dolor es el apego y la aversión a los fenómenos.

Buda nos dice: «Sed para vosotros mismos vuestro propio refugio». Traer el espíritu a casa y, dejando de lado la atención y la concentración, dejar de ser el juguete de los fenómenos. Así, los acontecimientos, tan temidos por algunos pueden, al contrario, ayudarnos en el camino de nuestro despertar. Acoger el dolor nos obliga a ser humildes, nos lleva más allá de nuestra imagen y pone fin al narcisismo, necesario durante nuestra evolución, pero mórbido y patológico cuando se convierte en gobierno en la sombra de nuestra existencia. Por eso, cuando hieren a Buda con una piedra que ha lanzado su enemigo, Devadatta, atribuye su herida a su propio karma, es decir, a la energía resultante de sus acciones pasadas.

Practicar la meditación

Cuando respiramos en el transcurso de nuestra meditación, en la inspiración somos yin (y nos llenamos) y en la expiración somos yang (y nos vaciamos). La respiración es un compás de cuatro tiempos: inspira; para; expira; para.

Lo que más valora nuestra sociedad es llenarse. Por eso muy a menudo somos yin: llenamos la nevera y nuestra cuenta bancaria, nos atiborramos de imágenes de televisión y de certezas, padecemos bulimia y avaricia… Pero en general nos resulta difícil dar, dejar circular la energía.

Cuando practicamos la meditación, adoptamos una postura equilibrada: la energía puede pasar, nada se retiene.

El practicante se instala en este terreno. Inconscientemente, involuntariamente, se halla en un «tiempo muerto» entre yin y yang: ni blanco ni negro, ni rico ni pobre, ni bueno ni malo. Un terreno que los budistas llaman Shunyata, vacuidad. Un lugar en el que los rencores, las diferencias y los miedos carecen de sentido, en el que nada se retiene ni se rechaza, en el que el dolor y la rabia no tienen razón de ser.

Enseñanza
Kusen

«Tenemos el poder de sembrar una semilla, pero no tenemos el poder de hacerla crecer. Podemos, eso sí, labrar la tierra, abonarla y regarla regularmente. Es decir, crear las circunstancias favorables para que el milagro tenga lugar. Habéis encontrado la motivación para venir hasta aquí, la voluntad de volver. Concentraos en vuestra respiración y abandonad cualquier deseo. Cuando los dejamos en paz, cuerpo y espíritu vuelven a encontrar su estado natural. Querer ser feliz y liberarse del dolor es inútil; seguir un camino parece lógico».

Responsabilizarnos de nuestros actos

Existe una fase de la evolución psicosexual del ser humano que Freud llama sádico-anal. Cuando el niño reconoce su imagen en el espejo, aprende a decir su nombre, a decir que no y a dar patadas para expresar su rabia. Esta rabia es una de las energías que nos forman. Normalmente nunca nos desborda, excepto en caso de regresiones masivas, que se dan cuando tenemos que enfrentarnos a importantes dificultades psicológicas. Esta rabia es una de nuestras últimas murallas contra la locura en caso de una potente regresión psíquica. El perverso narcisista, por ejemplo, convoca esta energía porque tiene que vengarse sin cesar, porque debe mantenerla para sobrevivir. Pero también es la que nos permite permanecer en pie.

Terapia
Silvia

Durante una separación difícil, Silvia me dice: «Mi rabia es lo que me permite aguantar en pie y seguir avanzando». Deberíamos desconfiar de órdenes como: «Amaos los unos a los otros». La intención es muy buena, pero si en un momento dado somos incapaces de amar, nos sentiremos culpables por culpa de la orden.

No somos responsables de las energías que nos gobiernan: solo somos responsables de nuestros actos. En el camino del despertar, el dolor, la rabia y el sufrimiento solo nos serán útiles si podemos mirarlos de frente. El dolor debe ayudarnos con nuestra motivación. La observación de nuestra manera de vivir, el conocimiento de nuestro camino habitual, de nuestros condicionamientos y de nuestros apegos está en el origen de nuestro dolor y debería empujarnos a renunciar a lo que sea necesario, a situarnos en la vía que elijamos.

Perdonar en el momento oportuno

Terapia
Sandra

Sandra ha vivido veinte años con un hombre perverso. Cuando se separan, ella siente un odio que parece completamente justificado. Después de haber leído *Los perversos narcisistas*, me dice: «Lo he leído, pero paré antes del último capítulo». Ese capítulo trata de la compasión y el perdón de la víctima hacia el perverso.

El perdón, si llega demasiado pronto o si es el resultado de una orden («¡Tienes que perdonar!»), puede ser un tipo de negación. A veces, en lugar de perdonar, negamos nuestro rencor, pero este reaparece a la menor ocasión.

Nuestra violencia puede ser entendida como una forma de energía. Proyectada hacia los demás, se traduce en agresividad o rencor; vuelta hacia uno mismo, se transforma en dolor. Por eso el perdón, cuando es posible, nos libera. Una vez más: cuidar de uno mismo es cuidar a los demás, cuidar al otro, es cuidar de uno mismo.

La observación tranquila de la cólera, sin rechazarla ni cultivarla, nos ayuda a comprender su origen y su naturaleza. Desde una perspectiva psicológica, muy a menudo la cólera equivale al resurgimiento de una rabia infantil en una situación problemática que nos hace reaccionar.

En el ejemplo anterior, Sandra explica que su rencor está justificado. Se comprende perfectamente, pero, parafraseando a Buda, le pido que conciba su rencor como un veneno. «Imagina que alguien que te parece 'malo' te lanza una flecha envenenada y que no aceptas que te quiten la flecha hasta que la persona no se disculpe o pague por ello. ¡Correrías el peligro de morir envenenada antes de que esto sucediera!».

Nuestros rencores, incluso justificados, nos pertenecen en exclusiva.

Terapia
Silvia

Silvia ha vivido con un perverso narcisista. Un día se entera de que además la engaña e inmediatamente le pide el divorcio. Me explica que optará por un divorcio contencioso para que él pague por todo lo que le ha hecho. Le digo que entiendo su reacción, pero que este tipo de divorcios pueden durar muchos años y exigir una importante inversión de energía. A continuación le pregunto qué podría hacer ella con dicha energía. Silvia reflexiona y reconoce que podría utilizarla para reconstruirse y para realizarse. Había llegado a nuestra sesión tensa y cansada, pero al final me dice: «Tiene razón. Optaré por el divorcio de mutuo acuerdo. Será más rápido». Dicho lo cual, se va, relajada y sonriente.

Al renunciar a la venganza, Silvia recupera la energía correspondiente a sus luchas internas[7]. Aprender a renunciar es fundamental para recorrer un camino de transformación: genera alegría y en retrospectiva puede ser visto como una bendición, como una oportunidad de cambio y de despertar.

---

7 Cabe destacar que, al verse confrontada a una paradoja (vengarse o abandonar), Silvia atribuye la decisión al terapeuta: «Tiene razón...». En realidad, el terapeuta solo la confronta a la realidad, sin proponer una solución concreta.

Ponernos al servicio de la sociedad

«Andrea proyectaba su mierda sobre mí», dice Juan. En lugar de devolvérsela, él prefiere transformarla. Por eso después de la ruptura, además de iniciar una terapia y de intensificar la meditación, acepta que su testimonio sea publicado. De esta manera transforma lo que él llama «su mierda» en algo de mucho peso. Y de hecho su testimonio inspirará a muchos lectores que han sufrido situaciones similares.

De este modo modifica su karma (y el de Andrea). Gracias a él, muchas personas por fin entenderán una situación que los tenía completamente confundidos.

El testimonio de Juan es lo que en psicoanálisis llamamos una «sublimación». Juan transforma su dolor y su deseo de venganza en un testimonio y así pone su energía al servicio de la sociedad. Más adelante se inscribe en una asociación que ayuda a personas con dificultades morales a superar situaciones difíciles. Juan pasa por un proceso de resiliencia que se apoya en mecanismos conscientes y, de este modo, sigue creando lazos, ayudando a los demás a dar sentido a situaciones límite. Puede decirse que transforma el plomo en oro. En realidad, Juan logra el despertar gracias a su práctica y a la presencia de su maestro y transformará el oro en ambrosía, un tipo de néctar que puede consumirse directamente.

Cuando se separaron, Juan hizo ver a Andrea todo el daño que le había hecho. Poco después Andrea le escribió: «Cúrate. Si tú te curas, yo estaré curada». Actuando así, le demuestra a Andrea que, en lugar de proyectarlo indefinidamente sobre los demás, el dolor puede transmutarse. Entonces Juan se cambia de casa y crea un dojo dedicado a la meditación en la ciudad en la que vive Andrea. Allí, cualquier persona que desee practicar la Vía es bienvenida.

Los psicoanalistas ven en el amor y en el odio energías primarias que estructuran al individuo. Muchas religiones exhortan a vivir en el amor y a rechazar el odio. El que medita no elige: ve como su energía «negativa» se pone al servicio de su despertar y descubre la auténtica energía primaria de este mundo: la compasión absoluta.

En el camino del despertar, Siddharta ve levantarse frente a él a Mara y a sus servidores, pero en lugar de echarles, prosigue su meditación y no retiene ni rechaza sus inclinaciones negativas. Se dice que en aquel momento las flechas envenenadas de los ejércitos del diablo se transforman en pétalos de flor. Son el símbolo de la emancipación del que se prepara para convertirse en Buda.

Terapia
Pedro

Pedro es francotirador en el ejército. Para mantener su habilidad en tiempo de paz, Pedro hace costura. Cuando su país entra en guerra, naturalmente Pedro ejerce de tirador de élite. Un día ve a través de su mirilla a un tirador enemigo. El tirador lleva un *kesa*[8]. Pedro no conoce el significado de esa prenda. Apunta, aprieta el gatillo, el hombre cae. Como muchos militares, Pedro vuelve de la guerra con fantasmas. Poco después deja el ejército y descubre la vía del zen. Desde entonces utiliza su habilidad para coser *kesas*, que regala a sus condiscípulos.

Aprender de Milarepa

Milarepa[9] era el mayor de dos hermanos. Nacido en 1040, el año del dragón, en la provincia tibetana de Ü, era hijo de ricos mercaderes. Sus padres eran tan ricos que unos les admiraban, otros les temían y

---

8 Cuando Buda dejó su palacio, se deshizo de sus ropas de príncipe y recogió retales de mantas, toallas, etc. Después de lavarlas las cosió para hacerse una prenda que luego teñiría de ocre (*kesaya* en sanscrito). La mayoría de los monjes budistas llevan una prenda, de color diferente según la cultura, que deja el brazo izquierdo desnudo. Esta prenda se llama kesa (ocre).

9 La historia de Milarepa se transmitió oralmente hasta el siglo XIV. La versión escrita de la historia la debemos a Tsang Nyôn Heruka en *La vida de Miralepa*.

otros los envidiaban. Un día el padre cayó enfermo y antes de fallecer prematuramente mandó llamar a su hermano para proponerle, como es costumbre en el Tíbet, administrar sus bienes y hacerse cargo de las necesidades de los suyos hasta que Milarepa alcanzase la mayoría de edad y pudiese administrar por sí mismo la fortuna familiar. Apenas fallecido el padre, el tío y la tía se apoderaron de la fortuna que les había confiando el padre de Milarepa. Jamás cubrieron sus necesidades, ni las de su madre Nyangtsa, ni las de su hermana Peta. Nyangtsa albergó un odio feroz hacia su cuñado y hacia su cuñada, a la que llamó «diablesa rival del tigre». Nyangtsa compartió este odio con sus hijos y les impuso su dolor. De pequeño Milarepa era de naturaleza alegre y disfrutaba escribiendo poemas. Su madre se lo prohibió. Un día le sorprendió cantando, le pegó y se lo reprochó: «Eres la vergüenza de la familia, nos humillan y tú cantas. Tu padre debe sentirse muy triste de tener un hijo como tú». Nyangtsa contuvo su rabia hasta la mayoría de edad de Milarepa, momento en el que organizó un banquete al que invitó al tío y a la tía para exigirles que les devolviesen la fortuna familiar. El tío y la tía no estuvieron de acuerdo y afirmaron que fueron ellos los que prestaron la fortuna al padre de Milarepa. El tío, caldeado por el alcohol y la cólera fingida, llegó a abofetear a Nyangtsa. Entonces Nyangtsa enloqueció de rabia. Le dio a Milarepa una joya que había logrado esconder y le conminó para ir a estudiar magia negra, para poder vengarse de su familia, con la amenaza de que podía morirse en caso de que él fracasara. Milarepa llamará a esta primera etapa de su vida la experiencia de la verdad extrema del dolor.

Milarepa fue en busca de un Lama que le enseñase magia negra y brujería. Encontró su primer maestro, del que asimiló fácilmente las enseñanzas. Cuando sus condiscípulos se fueron, debidamente instruidos, Milarepa no quiso marchar. No en vano su madre había amenazado con suicidarse, Milarepa exigía que le enseñasen técnicas más poderosas. Su maestro comprobó en primer lugar sus intenciones, y cuando le confirmaron que la historia de Milarepa era verdadera lo envió con uno de sus amigos, que dominaba mejor las artes de la destrucción. De nuevo Milarepa, siempre descrito por sus maestros como un discípulo ejemplar y entregado, asimiló con rapidez las enseñanzas de su nuevo maestro y se convirtió en un poderoso brujo. De regreso a su país y gracias a su magia desencadenó terribles catástrofes. En primer lugar, hizo que se derrumbara la casa de sus tíos, cuando estaba repleta de invitados. El tío y la tía se libraron de morir, pero perdieron a muchos de sus invitados, amigos y niños. Cuando Nyangtsa, la madre de Milarepa vio la ruina de sus enemigos, bailó de alegría poseída por su locura vengativa. Las gentes del pueblo querían vengarse, pero entonces Milarepa desencadenó una tormenta de granizo que arruinó todas las cosechas de la región y sembró la hambruna. Tuvo que abandonar el país. Nyangtsa había sido vengada pero había perdido a su hijo, al que no volvería a ver jamás. A este periodo de su vida, Milarepa lo llamará la acumulación de acciones negras por aniquilamiento de los enemigos.

Como no tenía donde vivir, Milarepa volvió al lado de su Lama. Encontró a su bienhechor llorando, el rico mecenas que cubría sus necesidades. El Lama le dijo: «Mi magia me permite sembrar fácilmente la muerte, pero frente a ella soy incapaz de lograr que permanezcan vivos los que amo». Milarepa estaba desesperado, se culpabilizaba y se daba cuenta de que solo había sembrado el sufrimiento a su alrededor. Su maestro también se sentía culpable, había formado y acompañado a su discípulo en su obra de destrucción. Tras darle bienes y ofrendas para su futuro maestro, lo envió a estudiar junto a un Lama que practicaba la vía budista de la gran perfección. Milarepa se presentó ante su nuevo Gurú como un gran pecador y solicitó la enseñanza que conduce al despertar. El Lama Rontgön Lhaga le enseñó a Milarepa la doctrina sagrada del Dzogchen. Milarepa meditaba día y noche con la doctrina sagrada. Rápidamente se dio cuenta de la enseñanza, pero no alcanzó el despertar. El Lama

Rontgön Lhaga le confesó haber sobreestimado su enseñanza y envió a Milarepa a casa de Marpa, un sabio erudito, discípulo del maestro indio Naropa. Le dijo: «Tú y él estáis unidos desde hace muchas existencias». Con la evocación de Marpa, Milarepa rompió a llorar. Sabía que Marpa era el hombre que debía encontrar en esta vida.

Cuando Milarepa le encontró, este le acogió muy mal. Había oído hablar de las fechorías de Milarepa y lo rechazó, diciéndole que su lugar no estaba junto a él. Milarepa insistió al que quería como maestro e incluso le ofreció un libro sagrado. Pero de nuevo Marpa lo rechazó diciéndole que se guardase su libro miserable. Milarepa se fue a mendigar. Ahorró, volvió junto a Marpa y le ofreció una gran cantidad de cebada. Pero Marpa se burló de Milarepa y le pidió que recogiese su cebada y que se largase de su casa. Después, Marpa le pidió a Milarepa que provocase una granizada en dos países vecinos que maltrataban a sus discípulos cuando venían a reunirse con él. Milarepa ejecutó el encantamiento, creyendo que así atraería los buenos auspicios de Marpa. Pero cuando le solicitó sus enseñanzas, Marpa lo desairó: «¡Has sembrado la muerte y ahora pides que se te pague! Ve a cuidar a la gente a la que has hecho daño. Después veré si te ofrezco la enseñanza». Milarepa se deshizo en lágrimas y fue la esposa del Lama quien le consoló

prometiéndole intervenir en su favor con su marido. Marpa, reconociendo el valor de Milarepa, le
propuso entonces instruirlo en sus enseñanzas a
cambio de construirle él una casa. Milarepa empezó
a construir una torre redonda en el lugar indicado,
tal y como le había pedido Marpa. Pero cuando ya
había construido la mitad, Marpa le pidió demoler
el edificio y empezar a levantar otro en otro lugar.

Milarepa demolió piedra a piedra su construcción
y volvió a empezar de nuevo. Cuando apenas había
llegado a la mitad de la obra, de nuevo Marpa fue a
verle, le pidió recolocar cada una de las piedras donde
las había encontrado y empezar una nueva casa en lo
alto de la colina. Milarepa había empezado su nueva
tarea cuando Marpa fue a verle. Borracho, le insultó
y le exigió desmontar su construcción y empezar una
de forma diferente en otro lugar. Le dijo: «Si esto no
te gusta, solo tienes que irte. Pero si te quedas, deja
de hacer lo que a ti te parezca». Milarepa no sabía a
qué atenerse. Marpa se burlaba de él, ¿acabaría ofre-
ciéndole sus enseñanzas? Los hombros y la espalda
del discípulo no eran más que llagas y supuración
a fuerza de acarrear piedras de acá para allá. Pero
Milarepa volvió a empezar lo que Marpa le había
pedido. Después de quejarse a la mujer de Marpa, a
la que Milarepa llamaba «la madre», esta organizó
una comida y le invitó. Marpa recordó lo que había
sido la vida del anacoreta de Naropa, su maestro,

y luego dijo a Milarepa: «Este modo de vida sería demasiado duro para ti».

Entonces Milarepa, emocionado con la idea de que su maestro pudiera dudar de su fe, hizo la promesa de aceptar todo lo que Marpa le pidiera. Marpa le pidió que construyera una nueva torre en un nuevo lugar. Cuando Milarepa hubo acabado su obra, vino a pedir la tan esperada iniciación. Pero Marpa lo abofeteó por haber osado exigir las enseñanzas solo por haber construido una casa. Milarepa se entristeció muchísimo y «la madre» fue a consolarle. Le dio una joya para que se la ofreciese a Marpa, que de este modo le transmitiría las enseñanzas. Marpa reconoció la joya, que era suya, insultó a Milarepa y lo echó de su casa. Milarepa se planteó por primera vez suicidarse, pero antes fue a terminar su construcción. Entonces «la madre» invitó a Milarepa a que fuera a enseñarle sus llagas a Marpa. Pero este, retomando lo que había sido la dureza de la vida de Naropa, su maestro, denigró los tormentos de Milarepa y le ofreció un cojín de los que se ponen en el lomo de los asnos para protegerles de las llagas. La mujer de Marpa dio a Milarepa las enseñanzas que ella poseía. Después, desanimado, Milarepa dejó a su maestro. Viviendo al principio de la mendicidad, lo contrataron para leer las santas escrituras en casa de la gente. Tras ahorrar un poco de dinero, volvió con su Lama. Mientras tanto Marpa, creyendo que se había marchado para siempre, derramó muchas lágrimas. Pero cuando Milarepa volvió a solicitar sus enseñanzas, Marpa le dijo que tenía que añadir tres pisos más a la torre que ya había terminado. Milarepa, desanimado, le dijo a «la madre» que se iba porque no creía que Marpa fuese a ofrecerle sus enseñanzas una vez acabara la torre.

La mujer de Marpa le entregó a Milarepa unas joyas y le envió a estudiar la doctrina a casa del Lama Ngogpa, uno de los discípulos de Marpa. Milarepa asimiló rápidamente las enseñanzas de Ngogpa, pero no alcanzó el despertar. Ngogpa le explicó que no progresaba porque había venido sin el permiso de Marpa. Marpa les convocó y fueron a su casa. Milarepa llegó antes que Ngogpa y se presentó ante Marpa, que lo recibió encolerizado y se negó a saludarlo. Después, al llegar Ngogpa, Marpa le preguntó por qué había enseñado a Milarepa, y Ngogpa le explicó que Milarepa le había ofrecido unas joyas de su parte. Cuando le pidió explicaciones a Milarepa, este respondió que era su mujer quien se las había confiado. Marpa montó en cólera de nuevo, amenazó con pegar a su propia mujer y a Milarepa, de manera que ambos huyeron. Avergonzado, Milarepa de nuevo se planteó morir. Pero le detuvo Ngogpa, que le explicó que no existía mayor error que suicidarse.

Milarepa llamó a esta parte de la vida la purificación a través de la prueba y el dolor.

Marpa convocó luego a Ngogpa y a Milarepa. Este dudaba si regresar o no, pues creía que solo recibiría golpes e insultos. Pero los discípulos del maestro fueron a buscarlos e insistieron. Cuando los dos hombres se aproximaron a Marpa, los acogió llorando: «Sois mis dos mayores discípulos y no sois para nada censurables. Los sufrimientos que le he hecho soportar a Milarepa debían purificarle. He sabido siempre que era mi hijo espiritual. En cuanto a mi mujer, se ha comportado como una buena madre. Mi cólera no es una cólera mundana, sirve a la vía de la liberación. Milarepa ha sido purificado, le ofreceré las enseñanzas». Milarepa se postró ante él llorando, había sabido desde siempre que Marpa era su maestro. A Milarepa le raparon la cabeza. Fue instruido, después practicó la meditación en una gruta en la que tapiaron la entrada.

Milarepa es un asceta poeta considerado uno de los más importantes maestros espirituales del Tíbet.

Renunciar a nuestro poder sobre los demás

¿Existe un término apreciado por el psicoanálisis más bárbaro que el de castración? Esta palabra esconde el acceso a una libertad recuperada. Pero, ¿queremos esta libertad?

Enseñanza
El «Falo»

El niño querría volver a ser «uno» con su madre, ser todo, como lo habían sido, volver a ese estado de plenitud. Pero la madre deja al niño en su habitación y se reúne con un tercero. Así, el Otro posee algo, precisamente lo que le falta al niño, porque sin ese algo su madre no permanecería a su lado. Los psicoanalistas llaman «Falo» a este objeto fantasmático que tiene la facultad de retener al Otro.

Los seres humanos pasamos mucho tiempo buscando este objeto de poder, queriéndolo y exigiéndolo. Sin este objeto no seríamos nada. Él hace que seamos alguien. ¿No hemos escuchado? «¡Estudia y gana dinero si quieres ser alguien en la vida!». Un coche caro, una buena situación económica, hijos guapos, bellos vestidos... Siempre buscamos ese «ser más» que por un instante nos permite mantener la ilusión de que somos «alguien» (alguien entero, poderoso).

Pero, veamos, ¿qué poder real tenemos sobre los demás sino el de seducir y el de hacerles caer? Esa es la génesis de las guerras y de la miseria organizada en pro de viles intereses económicos. Algunos afirman su Falo despidiendo a empleados de empresas rentables o aumentando su salario sin de verdad necesitarlo, haciéndose con cantidades astronómicas que después faltarán a los más desfavorecidos. ¿Y qué decir de aquellos que humillan a sus subalternos, a sus hijos o a su pareja por el mero placer mental de hacerlo?

Incluso sin alcanzar extremos tan exagerados, este fantasma, más o menos presente en función de los casos, nos sale a todos muy caro desde el punto de vista de la energía que consume.

Como ya hemos visto, Nelson Mandela descubre la libertad en la cárcel. Cuando Natalia se aleja de quien ha sentido placer humillándola y ve que su dolor disminuye, me escribe: «Él ha desbloqueado a la niña pequeña que fui, hundida en sus miedos». Después de quebrar, Christian me dice: «Nunca he sido tan creativo como en este momento». Y Juan: «Vuelvo a vivir después de haberlo perdido todo. Siento mucho más aprecio por la vida desde que tengo menos cosas».

No hay más que ver la mirada tranquila de quienes, tras una terapia de psicoanálisis, se aproximan a su finitud y aceptan su mortalidad. Son personas que han salido de su propia idealización[10] y que perciben la calma característica de aquellos que pueden abandonar, renunciar. Como el que ha vivido una crisis y al salir por fin de la tempestad disfruta de la calma.

_____

10 Paradójicamente, la idealización puede pasar tanto por una sobrevaloración como por una infravaloración de uno mismo, tratándose en ambos casos de una valoración narcisista.

Terapia
Natalia

—Tenía un sueño recurrente: subía por una montaña empinada y un viento terrible me lo impedía.

—¿Vivía quizás un conflicto, dos fuerzas en sentido contrario que se oponen?

—Sí, además, cuando dejé a mi marido, que no paraba de infravalorarme, el sueño se acabó. Más tarde, había llegado a la cima de la colina y ahí me sentía aterrorizada por el vacío y por el miedo a caer y me despertaba contraída. Después, otro día, soñando lo mismo, acepté caer.

—¿Y entonces?

—Entonces, nada. Me contraje hasta que entendí que no corría ningún peligro. Entonces me desperté completamente serena.

Practicar zen es como trepar a un mástil, braza tras braza. Al llegar a lo más alto, hay que dar una braza suplementaria... y abrazar el vacío.

Vislumbrar la libertad

A los amigos que me han ayudado en la Vía.
A los enemigos que me han llevado a ella.

¿Quién es el perverso narcisista que nos pone frente a nosotros mismos, frente al vacío insoportable? ¿Es Kâli, la diosa hindú que en sus cuatro manos sostiene cráneos humanos y se sacia alegremente con su sangre? ¿Kâli la destructora, la que nos obliga a abandonarlo todo? Y Kâli, Diosa de la destrucción y madre del mundo, ¿es en realidad algo más que el mismísimo tiempo? Y Cronos, ¿es aquel que devoraba a sus hijos?

El tiempo nos arranca aquello a lo que estamos ligados. Mientras permanezcamos atados a las cosas de este mundo, irremediablemente nos empuja al infierno. Cuando aceptamos la pérdida, nos conduce a la sabiduría. Maldición para unos y bendición para otros.

El título de esta «lección» me ha sido inspirado por el Dalai-Lama, que ve la libertad al final del túnel. Si aceptamos que no hay nada que conozcamos en el presente, entonces comprendemos que no hay nada que estudiar. Si el estudio es el caldo de cultivo que nos condujo al camino, es el momento de cerrar los libros y de sumergirse en la vacuidad que los Budas describen como compasión absoluta. Si aceptamos el maravilloso silencio, la libertad no está a lo lejos, sino aquí y ahora.

Terapia
Juan

Cuando Andrea y yo nos conocimos, nos reconocimos. Ella me decía: «Eres mi evidencia, te espero desde hace mil años». Yo le respondí: «Tú eres lo esencial». Nos amábamos, hasta el día en que cometí un error. A partir de ese momento me convertí, según ella, en alguien estructuralmente infiel. Por tanto, iba a ser normal engañarme, yo ya no valía la pena, etc. Entonces cambié de actitud, iba a demostrarle que yo era un buen tipo. Pero a cualquier cosa que yo hiciera, cualquier cosa que dijera, ella le cambiaba el sentido para demostrar que yo era una mala persona. Iba con mucho cuidado con cada palabra que decía, con cada uno de mis gestos. Eso hizo que me dijera: «No eres natural, y esto es porque escondes algo». Me enfadé mucho, cosa poco habitual en mí, le dije que sus reproches eran su convención, que sentía placer insultándome y desvalorizándome. Su actitud cambió de nuevo y se volvió depresiva. Yo amaba profundamente a Andrea, habría hecho cualquier cosa por ayudarla. La llevaba a ver a mi familia, que la acogió como a una hija, como a una hermana. Después le enseñé mi práctica del zen, le compré un cojín para la meditación y la llevé conmigo, junto con mis amigos a las Sesshin de meditación. Pero cuando mejor podíamos pasarlo, en familia, en momentos de ocio o en el seno de mi Sangha,[11] siempre se estropeaba por algo, a menudo porque amenazaba con abandonarme o por algún otro escándalo.

Al cabo de un año, un día me llamó, justo cuando me iba para una Sesshin a la que ella también debía venir para encontrarse conmigo. Me anunció por enésima vez que me dejaba. Lo acepté. Disfruté de una maravillosa Sesshin, jalonada de risas, de meditación y de alegría. Después Andrea me llamaba de nuevo, me decía que me amaba, que sabía que yo la amaba y que no podríamos vivir el

---

11 Palabra del pali o del sánscrito que puede traducirse como «asociación», «asamblea» o «comunidad». Se usa comúnmente para referirse a grupos budistas o jainas.

uno sin el otro. Yo, por mi parte, me resistía, reconocía que la amaba, pero le explicaba que nuestra relación era insoportable y que deseaba ponerle punto y final.

A mi regreso, Andrea me envió los mensajes más bonitos que haya recibido jamás. Citaba a Marpa, el maestro de Milarepa, el célebre asceta tibetano, porque conocía mi admiración por él: «Tú y yo estamos más allá de cualquier encuentro o de cualquier separación, te lo ruego, sigue con tu meditación por el bien de todos los seres». Y también: «Gracias por todo lo bueno que me has dado, sabré devolvérselo a los demás...». Evidentemente, volvimos a caer el uno en brazos del otro. ¡La quería tanto! Pero a penas habían transcurrido dos días desde nuestro reencuentro, ya me decía otra vez, bajo un pretexto falso: «¡Mírame bien, lo nuestro se acabó!». Me volvía loco, entonces apagaba el teléfono y me iba con una amiga, no quería volver a ver nunca más a Andrea. A mi regreso, me había inundado con un montón de mensajes: «Te amo... no voy a poder vivir sin ti...», etc. Volvimos a estar juntos, pero los tiempos que siguieron fueron aún más duros, alternábamos cortos periodos maravillosos con momentos infernales. Me volví agresivo, hice incluso algo que nunca había hecho, un intento de suicidio. Si al principio me quedé con ella porque la amaba y porque me sentía culpable, después me quedé porque ella estaba mal, y al final quería irme porque me daba miedo la muerte. Efectivamente, cada vez con más frecuencia me ponía enfermo, cosa nada habitual en mí. Poco antes del segundo aniversario de nuestro reencuentro, le comuniqué que deseaba romper con la relación. Entonces me contestó: «Después de ti no habrá nadie... Sé que tú encontrarás a alguien, pero yo esperaré hasta el día en que de nuevo estés libre...». El fin de semana del aniversario de nuestro reencuentro lo pasamos juntos. Al acabar el fin de semana, me dijo: «Qué amable eres, ¿cómo puedes ser tan amable después de todo lo que te he hecho?». Pero, dos días más tarde me llamó: «Eres una persona tóxica, no entiendes que siempre he querido dejarte». Colgué, estaba completamente en estado de shock.

Afortunadamente, al cabo de cierto tiempo celebraríamos una nueva Sesshin, así podría reconstruirme. Cuando llegué, ella estaba allí, junto a mis amigos, sonriente. Les explicaba, en un aparte, que estaba triste porque sabía que yo no estaba bien desde que ella me había dejado, les comentaba que era una persona decepcionante. ¡Me estaba dando un ataque de furia! Mis amigos lo notaron y empezaron a evitarme. Por suerte, el fin de semana acabó y pude volver a casa. Unos días más tarde me llamó para comunicarme que, pocos días después de nuestra separación, había conocido a alguien. Di de baja mi línea telefónica. Un mes más tarde, el día de mi cumpleaños, estaba frente a mi despacho, como por casualidad, cuando llegué. Logré calmarme y le propuse ir a tomar un café. Pero lo que me dijo entonces me pareció insoportable, sobre todo cuando empezó a explicar que la persona a la que había conocido estaba casada y que con él no tendría porqué ser fiel. Entonces decidí cortar definitivamente todos los lazos con ella.

El verano siguiente había previsto irme a meditar durante veinte días. Nada más llegar, me anunciaron que ella iba a venir. Tuve un ataque de rabia de órdago. Después el organizador de la Sesshin me llamó para decirme que ella se había puesto en contacto con él para hablarle de mí. No pude contenerme más y entonces expliqué las amenazas, los insultos...

Al llegar, adoptó un comportamiento de lo más ambiguo, se sentaba sobre las rodillas de uno, entablaba una larga conversación con otro, ante la puerta de mi habitación, hasta bien entrada la noche, se pegaba a un tercero y luego a un cuarto. Evidentemente, siempre había un alma caritativa dispuesta a comentarme aquello que yo no había visto: «Si la hubieses visto, pegada a fulano de tal... ¿sabes lo que le dijo a tal otro?... ¿No te parece que se les ve bien juntos con este tercero?...». Yo la había introducido en mi práctica de zazen para que se calmara, pero ella había logrado poner la situación en mi contra. Lo que debería haber sido un lugar de calma y de despertar se convertía en un espacio perverso. La gente me evitaba y no comprendía mi actitud. En la última cena escuché al organizador que parecía decir «me toca a mí»: «Andrea, a mi lado...» y fue cuando exploté. Me fui del refectorio. Salí a andar en la noche para intentar calmarme, pero alguien me alcanzó para ofrecerme los detalles que me faltaban. El organizador había venido con su mujer y su amante y, al parecer, ahora que su mujer se había ido, se interesaba por la que había sido mi compañera. Bajando hacia el campamento era todo furia y cólera. Evitaba a la gente pero me crucé con Andrea. En ese momento, la empujé como para despegarla de mí. Más tarde vino a verme y con una media sonrisa, me dijo: «¿Lo ves?, ahora tú eres como yo...».

Al regresar, me sentía rabioso, rebobinaba en mi cabeza una y otra vez todo lo ocurrido. Por la noche me costaba conciliar el sueño imaginando cómo la estrangulaba; por la mañana me despertaba temprano soñando que le daba un tortazo. ¡Me habría gustado tanto devolverle todo el daño que me había hecho! Pero entonces ella tendría razón... yo sería como ella. Borré su número de mi móvil para no caer en la tentación de volver a contactar con ella. Me había pasado dos años protegiéndola, ahora la protegía de mí mismo. Le pedí a mi psicoanalista aumentar las sesiones y practiqué cada vez más la meditación. En casa y en Sesshin. Realicé al menos dos Sesshin intensivas por mes. El zen es particular, funciona como una lupa sobre nuestros problemas. En Sesshin vivía mi infierno. Me invadía la cólera y entraba en estados de sufrimiento terribles. Pero yo seguía practicando. De pronto, aunque sin calmarme del todo, empecé a sentirme menos desbocado por mis sentimientos. La mayor parte del tiempo podía observarlos sin descontrolarme. Se convertían en energía disponible. Utilizaba esta energía para poner por escrito mi testimonio y se lo pasaba a un amigo psicoanalista para que lo leyese, porque se comprometió a reescribirlo y a publicarlo en un libro. Después me comprometí con una asociación que acoge a personas necesitadas. El tiempo iba pasando, pero regularmente mi odio regresaba. Había perdido a la mujer que amaba y a mis mejores amigos. Se alternaban momentos de exaltación, cuando pensaba lo que habría podido ser nuestro amor, y momentos de odio y sufrimiento pensando lo que ella era capaz de hacer. Pero seguí mi práctica de manera intensiva. Cuando empecé a calmarme, no dejó de rondarme por la cabeza una pregunta. Entonces me puse en contacto con mi maestro Dokaï, al que había dejado un poco de lado desde hacía algún tiempo. Organizaba una Sesshin particularmente intensa para conmemorar el aniversario del despertar de Buda. Allí podía practicar y encontrar una verdadera concentración como hacía tiempo que no lograba. Alternamos meditaciones, trabajo en común y comidas en silencio. Dokaï propuso un mondo. Levanté la mano para formular mi pregunta. Sentado frente a mi maestro, repasé rápido y a grandes rasgos lo que acababa de ocurrirme y luego le pregunté: «¿Es ella la que ha proyectado en mí sus demonios o es que ha despertado mis propios demonios?».

Dokaï, sonriente, clavó en mi su mirada azul y experimenté la profunda compasión que emanaba de él.

Frente al dojo en el que practicábamos corría un arroyo del que se podía oír el gorgoteo. Dokaï me preguntó: «¡Escucha! Cuando el arroyo choca contra la roca, ¿es la piedra la que hace cantar al arroyo o es el arroyo el que canta cuando encuentra la piedra?».

Mi conocimiento de la cultura zen era suficiente para encontrar fácilmente la respuesta: «¡Es el espíritu el que canta!». A Dokaï le cambió la cara, sus rasgos se tensaron y gritó, mirándome directamente a los ojos: «¿Qué espíritu?».

El cambio de actitud de Dokaï me dejó petrificado, no fui capaz de responder. Cualquier movimiento de mi espíritu consciente se había paralizado. Me encontraba completamente perdido. Después oí el rumor del arroyo y entonces me sentí sumergido en una ola de felicidad, brotaban las lágrimas de mis ojos y me di cuenta: «Cuando el espíritu se detiene, nada está separado. Cuando el arroyo encuentra la piedra, es el universo entero el que canta».

Por fin comprendía la enseñanza que Marpa le ofreció a Milarepa mil años atrás: «Tú y yo estamos más allá de cualquier encuentro y de cualquier separación; te lo ruego, sigue con tu meditación por el bien de todos los seres...».

Aceptar el aquí y el ahora con humildad

En mis primeros años como psicoanalista, padecía lo que se denomina «Síndrome del impostor». Incluso después de dos largas terapias, de un periodo de estudio de varios años y de obtener el reconocimiento de mis pares, sentía que no estaba a la altura. Tenía la sensación de hacer trampa, de haber engañado a mis analistas y a mis examinadores. Al síndrome del impostor también lo llaman síndrome del autodidacta. Se dice que puede tener que ver con personas con un alto potencial, con personas exitosas que son incapaces de asumir sus logros. Desde entonces, y con el paso de los años, he llegado a tratar a muchos «impostores». Recuerdo un cirujano especialista al que solicitaban desde cualquier lugar del mundo para que operara. Vino a verme porque tenía problemas con una persona que, de manera evidente, empleaba mecanismos perverso-narcisistas para desvalorizarlo. Le pregunté si tenía la sensación de ser un impostor, a lo que respondió: «Constantemente». ¡Aquel cirujano era reconocido mundialmente!

En apariencia, podría tratarse de una problemática neurótica o narcisista: la prohibición de superar a los padres,[12] el apego a una postura infantil (pues el éxito certifica la entrada en el mundo de los adultos), la necesidad de adherirse a una imagen ideal (dado que el principio del aprendizaje es, inevitablemente,

---

12 Véase *Les cancres n'existent pas; psychanalyses d'enfants en échec scolaire* de Anny Cordié, Seuil, París, 1993.

SUPERAR EL DOLOR Y ALCANZAR LA SABIDURÍA   127

la ignorancia), podrían causar dicho síndroma. El fracaso recurrente sería una forma de protección del sujeto frente a la angustia masiva en caso de éxito. La angustia del impostor castigaría al que ha transgredido su Superyó y ha tenido éxito.

Terapia
Félix

Durante una terapia, mi paciente Félix me aporta un enfoque distinto. Cuando prepara sus exámenes, no se plantea el más mínimo fracaso, sino algo tan sencillo como responder correctamente a todas las preguntas. De hecho, a menudo sus exámenes son impecables y obtiene las mejores notas de la clase. Pero se somete a tanta presión que después renuncia. Así, por ejemplo, aprueba brillantemente su primer año de medicina, pero inmediatamente después abandona la carrera y se lanza a la arquitectura, matrícula que por cierto acaba obteniendo sin apenas pisar la universidad. Actualmente es el paisajista responsable del municipio en el que vive. Acude a la consulta movido por la angustia y el sentimiento de fracaso:

—Me gustaría sacarme el carnet de conducir, porque lo necesito para mi trabajo, pero no soporto los comentarios del profesor durante las prácticas. Siento que son críticas hacia mí persona. De todos modos, lo voy a dejar. En cuanto piso la autoescuela me doy cuenta de que no soy capaz de aprobar el examen.

—¡Es evidente que no eres capaz de aprobar!

—¡¿Cómo?!

—Si pudieras aprobar el examen, ¿por qué harías clases?

Cuando estamos al pie de una montaña y nos disponemos a subirla, advertimos que no estamos en la cima. Irremediablemnte, quien tenga dificultades para gestionar la temporalidad se sentirá impotente. De la misma manera, cuando recibimos a un paciente por primera vez, no sabemos nada de él y, por lo tanto, ¡no podemos curarle! Excepto, claro, que dispongamos de una varita o de una píldora mágica que nos permita sostener una fantasía de omnipotencia.

El que quiere alcanzar la cima de la montaña tiene que dar un primer paso, por muy inútil que parezca desde la perspectiva general del camino que queda por recorrer, para luego dar un segundo paso, y solo después un tercero, y así, al cabo de un rato, poder darse la vuelta y observar, sorprendido, el camino recorrido. Vista así, la temporalidad tiene un elemento «mágico». Para que llegado el momento pueda cumplirse el «milagro», son necesarios dos ingredientes: confianza (por no decir fe) y humildad.

Para ilustrar la importancia del aquí y el ahora (de la temporalidad), un monje zen dice: «Si tomas un barco, debes saber a dónde vas: de lo contrario, corres el riesgo de navegar a la deriva. Pero una vez hayas tomado el rumbo adecuado debes olvidarlo, olvidar tu destino, estar presente y concentrarte en cada uno de tus gestos: de lo contrario, corres el riesgo de no estar atento y errar la maniobra».

Volvamos a mis años de joven psicoanalista. En aquella época constaté un fenómeno extraño: mientras yo dudaba de mis propias capacidades, veía cómo mis pacientes avanzaban y resolvían algunos de sus problemas. Luego quizá no era un impostor, quizá era un buen terapeuta. En cambio, cuando pensaba que era competente, me daba la sensación de que mis pacientes se estancaban.

¿Cómo resolver esta paradoja? ¿Con humildad? Pero, ¿qué es la humildad? ¿Pensar que somos malos o mediocres? Por supuesto que no, eso es masoquismo. La humildad no tiene sus raíces en la humillación. El zen me proporcionó la respuesta: cuando bajo la vista, cuando mi frente toca el suelo, en el momento de una postración, cuando junto las manos una contra otra, etc., libero mi parte frontal del cerebro.

La meditación es humildad, es vacuidad, es disponibilidad total a todo lo que sea posible.

Podríamos pensar que conviene desligarse del objetivo para vivir en el aquí y el ahora. En realidad, no hay lugar para el objetivo en el aquí y el ahora. El que da un paso al pie de la montaña no llegará nunca a la cima; el que llegará será otro.

He aquí un esbozo de respuesta a una pregunta que me planteo desde hace tiempo. Al narcisista le cuesta plantearse la temporalidad: querría ser omnipotente y tenerlo todo de inmediato. El neurótico es consciente de la temporalidad, pero la vive como una imposición. El que practica la meditación vive en el aquí y el ahora. Desligado del objetivo, conserva su rumbo.

Terapia
Lidia

Al terminar la terapia, Lidia, que practica la meditación, me dice: «Ahora sé que cuando ando, cuando levanto un pie, no sé dónde se posará, ni si habrá algo que lo acoja. Pero no me importa».

Aprender a gestionar nuestros deseos

El objeto del psicoanálisis es la energía; su fuerza, su origen, su desplazamiento, su futuro y su uso. Las diferentes formas que puede adoptar, así como los conflictos que engendra la confrontación de fuerzas contradictorias entre sí.

Estas distintas corrientes de energía pueden observarse tanto en el ser humano como en las relaciones sociales, es decir, en la sociedad. El psicoanálisis observa y analiza desde hace más de cien años estos desplazamientos energéticos y por ello ha sido utilizado por muchos sociólogos, psicólogos, etnólogos, politólogos, filósofos, etc., como herramienta para la comprensión de aquello que estudian.

En realidad, en determinados ámbitos el psicoanálisis ha logrado imponerse con rapidez como un útil esquema de lectura del mundo y de la cultura. De ahí a lanzarse al análisis de Dios y de las religiones no hay más que un paso, y Freud lo dio al escribir *El porvenir de una ilusión*: «Los dioses conservan tres tareas: exorcizar los pavores de la naturaleza, reconciliarse con la crueldad del destino y compensar los sufrimientos y las privaciones que le han sido impuestas al hombre por la vida en común y la cultura[13]».

Dios es un padre idealizado, inmortal. En él podemos proyectar nuestras pulsiones de amor sin riesgo de padecer ningún perjuicio en la realidad. «La deseancia[14] hacia el padre es la raíz de la necesidad religiosa».

Con todo, cuando una terapia nos permite resolver ciertos problemas, cuando sentimos nuestra propia finitud, cuando percibimos que la energía que movilizaban nuestras pulsiones reprimidas y nuestras instancias prohibidoras ha sido liberada de nuevo, ¿qué hacer con las neurosis existenciales?

---

13 Sigmund Freud, *El porvenir de una ilusión*.

14 Neologismo empleado por Freud. Juego de palabras entre «deseo» y «ansia». (N. de la t.)

Terapia
Bruno

Al final de su terapia, iniciada a raíz de conflictos conyuga-
les recurrentes, Bruno dice: «Ya no necesito el conflicto».
A continuación confiesa que si ya no necesita proyectar
su agresividad mediante el conflicto, eso se debe a que
en su lugar siente un vacío y una carencia, energías con
las que no sabe qué hacer.

El psicoanálisis, el budismo y la mayor parte de
las religiones están de acuerdo en que los deseos y las
tensiones correspondientes son el origen de nuestro
dolor. El psicoanálisis hace del ser humano un ser de
deseo, un ser *deseante*, pero también ve en los deseos
reprimidos el origen de sus principales tensiones y de
sus comportamientos patológicos.

Observemos el deseo. El cuerpo emite primero
una energía. Esta energía, primero inconsciente, será
simbolizada antes de llegar a ser consciente y elaborada por el pensamiento, la palabra o la acción. Sin
embargo, no podremos simbolizar nuestra energía
más que a través de un filtro, el de nuestra cultura.
Solo podemos desear aquello que ya conocemos. El
deseo es pues el deseo de reproducir en el futuro una
satisfacción pasada. Evidentemente, no podemos desear
lo que ya poseemos, ni aquello que no conocemos en
absoluto. Si partimos de la idea de que «el pasado ya

no existe y el futuro aún no existe», comprendemos que, en realidad, el deseo es una ilusión. El deseo nos proyecta hacia un futuro hipotético, nos impide vivir el presente, limita nuestras capacidades de ser y nos lleva sistemáticamente hacia lo que ya conocemos: el pasado. Y, con todo, sabemos que las pulsiones de muerte tienden a llevarnos hacia el pasado y que las pulsiones de vida nos empujan hacia delante.

Contemos una historia a un niño pequeño una vez, dos veces, tres veces… Propongámosle después oír otra historia: ¡no querrá! Pedirá que le contemos la misma historia. Así se asegura saber dónde deberá reír, dónde tendrá miedo y dónde habrá que llorar. Lo real, lo desconocido, nos aterroriza. Preferimos un sufrimiento conocido a una felicidad hipotécica, desconocida, que se nos escapa. El deseo nos protege de la constatación de nuestra ignorancia, nos encierra en la ilusión y nos aleja de lo real.

Terapia
Karina

Karina quiere volver a su país. Cuando le pregunto por qué, responde que ya no soporta más el racismo. Le explico que lo comprendo: «En tu país no hay racismo». Me responde: «Oh, sí, más que aquí. Pero ese racismo ya lo conozco».

El psicoanálisis propone trabajar sobre nuestro pasado para liberarnos en el presente, mientras que la mayoría de religiones propone aspirar a un futuro paradisíaco adoptando la actitud adecuada. Mediante la concentración en el cuerpo, mediante el conocimiento y el posterior olvido de sí mismo, el meditante vive el instante presente abierto a todas las posibilidades; no recrea su mundo, sino que lo descubre a cada instante como un recién nacido. Efectivamente, nuestro ego se ha creado a partir de nuestros deseos y de nuestra capacidad de renuncia. Como hemos visto con anterioridad, la incapacidad para superar alguna de estas fases conduce a la angustia y a la patología. Por eso puede ser útil trabajar sobre nuestros deseos y nuestras pulsiones reprimidas para salir de nuestras neurosis.

Dos discursos, uno que predique la expresión y otro que hable de la observación y la renuncia a nuestros deseos, no son paradójicos sino complementarios. Aquel que ha realizado un psicoanálisis vive acorde con sus deseos sin tener que pasar obligatoriamente al acto. El que practica la meditación zen vive más allá de sus deseos, en el aquí y el ahora.

Mondo
¿Estoy en la vía del zen?

—Medito regularmente, estoy casado desde hace mucho tiempo, trabajo y mantengo a mi familia con normalidad. No tengo deseos, ¿estoy en la vía del zen?

—No necesariamente, pues es normal tener deseos o, mejor dicho, proyectos. El problema es dejar que sean nuestros deseos los que tomen las decisiones en nuestro lugar. No tener deseos puede llegar a ser un síntoma depresivo. Imagina a un herrero. Desea cosas: crear su empresa, rentabilizar su forja, alimentar a su familia, etc. Pero cuando golpea una pieza no puede desear, tiene que estar concentrado en el aquí y el ahora. Si no, corre el peligro de golpearse los dedos. Abandonar cualquier deseo en el aquí y ahora no significa errar sin rumbo. Abandonar nuestros deseos durante la acción y la meditación permite ser eficaz, liberarse de los obstáculos y... ser feliz. Y darse cuenta de que no hay separación entre el pensador y el pensamiento y de que sin embargo el pensador no es el pensamiento; que no hay diferencia entre el objeto martilleado y el herrero y que sin embargo el herrero no es el objeto; que no hay diferencia entre el sufrimiento y el que lo siente y que sin embargo el sujeto no es el sufrimiento; que no hay nada que rechazar ni que retener y, por último, que no hay persona para rechazar ni para retener. El maestro Dogen decía: «Estudiarse a sí mismo es olvidarse de sí mismo. Olvidarse de sí mismo es estar validado por el universo». Esto no puede comprenderse, pero puede realizarse. Ver al maestro que se despierta escuchando el ruido de una piedra que golpea un bambú. Os lo ruego, continuad zazen, concentráos en la postura y en vuestro trabajo.

Renunciar a la omnipotencia

Cuando el niño pequeño descubre su imagen, se puede llegar a sentir omnipotente en la mirada de su madre. En realidad, el niño es todopoderoso en su imaginario y a menudo también en el discurso de sus padres. Abandonar el imaginario y aterrizar en la realidad implica renunciar a esta omnipotencia. Pero si el niño no llegase a soportar esta «castración», correría el riesgo de querer permanecer en un mundo donde no reina más que la mirada de su madre o su propio imaginario.

Terapia
Aurelia

Aurelia presenta síntomas anoréxicos. Tiene 25 años, mide 1,75 m y pesa 50 kg. La invitaron a un programa de televisión, porque había hecho un reportaje en el que a menudo la filmaron ligera de ropa, mirando orgullosamente a la cámara y mostrando su cuerpo descarnado. Explica una anécdota a un periodista: «Mi médico me había advertido de que mi vida peligraba al bajar de 50 kg»: Y añade, con un brillo en la mirada: «Llegué a 46».

Más allá de los síntomas anoréxicos, Aurelia presenta todos los síntomas de la omnipotencia narcisista del niño pequeño en el periodo de la fase del espejo. Ella es más fuerte que el médico y más fuerte que la muerte a la que ha desafiado. Está orgullosa de mostrar su cuerpo esquelético. Es evidente que solo conservará esta omnipotencia mientras sea anoréxica. Superar la anorexia significaría renunciar a ella.

Siddhartha también presenta síntomas anoréxicos, primero en su palacio, cuando experimenta con la austeridad, y después en el bosque, intensificándola. Incluso después de convertirse en Buda, explica a sus discípulos que en aquella época su cuerpo estaba tan delgado que no podía aguantarlo.

La vía de en medio, enunciada por Buda al escuchar a un profesor de música, supone la salida de este estado de omnipotencia y el respeto de las necesidades del cuerpo.

Alara y Uddaka le enseñan Djanna (zazen) a Siddharta. Más tarde, él declarará que la meditación, por sí misma, no permite alcanzar el despertar. Pero cuando Buda por fin despierte, reconocerá que la meditación crea circunstancias favorables para el despertar y que sin ella la sabiduría (Prajna) no puede alcanzarse.

Siddharta se verá confrontado a otras pulsiones de omnipotencia más fálicas, sobre todo cuando Alara y Uddaka, después de haber asimilado sus enseñanzas, le proponen asumir la dirección de sus escuelas. Él lo rechazará sabiamente, porque ese no es el camino del despertar.

Desde el principio, el postulado del joven príncipe consiste en combatir la vejez, la enfermedad y la
muerte. Las hijas de Mara y su ejército son en realidad
las pulsiones que mueven a Siddharta. La sabiduría
de Buda consiste en rechazar el combate, aceptar sus
pulsiones y renunciar a pasar al acto. Con la renuncia
accede a la sabiduría.

Evitar las fallas narcisistas

Devadatta, el primo de Buda, entró en el Sangha del
Maestro. Movido por lo insatisfactorio de su vida,
siguió las enseñanzas con asiduidad y rápidamente
se convirtió en uno de los principales discípulos de
Buda. Después, aprovechando la ausencia del Maestro, lo criticó e intentó llevar a cabo un cisma. Ya de
regreso, Buda le retiró públicamente su confianza.
Devadatta dejó la Sangha, llevándose con él a algunos
monjes jóvenes. Buda pronunció entonces un discurso
añadido en uno de los Sutra[15] que se transmitieron
después de su muerte.

En este Sutra, Buda compara el despertar con el
corazón de un gran árbol. Denuncia a aquellos que

---

15   Después de su muerte, las enseñanzas de Buda se transmitieron
primero oralmente y luego por escrito en el Tripitaka, la recopilación
de la palabra de Buda.

buscando el despertar se quedan atados a los beneficios que proporciona la práctica. Por ejemplo, aquel que con su práctica obtiene ventajas materiales y la admiración de los demás y que, sintiéndose fuerte gracias a sus logros, se vuelve despectivo y orgulloso. Lo equipara a un hombre que busca el corazón del gran árbol y que, al encontrar las hojas, abandona su búsqueda y se enorgullece de su descubrimiento. Los méritos obtenidos mediante la práctica pueden convertirse en un nuevo obstáculo en la vía. Buda compara el Dharma con una balsa: permite atravesar la corriente, pero se convierte en un fardo para el que se ata a ella.

El que no conoce su imagen la busca en las interacciones con el mundo o en la mirada de los otros. Eso le convierte en una víctima potencial para los perversos narcisistas, gurús y otros demonios. En realidad, hace de él un perverso. El que intenta tener poder sobre los otros no se ama. Si se amase, se bastaría a sí mismo y viviría intercambiando y compartiendo.

El psicoanálisis y la meditación permiten encontrar las partes de cada uno que yacen escondidas en la sombra, integrarlas, no padecerlas y no cargarlas sobre los demás.

Practicar únicamente con maestros validados

En Occidente, el zen posee una cualidad particular: su frescura. Esta cualidad debería ser mantenida por todos los practicantes. El espíritu del principiante debería orientarse hacia la práctica de la meditación, como si de cualquier otra cosa se tratara, como si se tratara de la primera vez.

Si bien esta frescura tiene ventajas, también presenta inconvenientes. Maestros zen reconocidos sin más, es decir, autoproclamados. Una ausencia de deontología que conduce a situaciones paradójicas. Como el maestro zen que enseña a sus discípulos a dar masajes, que les pide elegir una pareja del mismo sexo y de corpulencia idéntica a la suya, para él a continuación elegir a una mujer joven como cobaya. «¡Haced lo que digo, no lo que hago!» O más grave aún, el Godo[16] que llega a una Sesshin con su amante y su mujer y, cuando su mujer se va, se interesa por la mujer de una pareja que se está rompiendo y que después se extraña al ver que sus «discípulos» se descompensan uno tras otro y sufren crisis de tristeza o de cólera. Después dirá: «Son los efectos secundarios del zen».

Por fortuna, estos ejemplos son poco frecuentes. La mayoría de fundadores de dojo son personas se-

---

16 Godo: Maestro zen.

rias y reconocidas por otros maestros al final de un periodo de formación y práctica.

Los psicoanalistas también saben que nadie puede ejercer sin haberse sometido a varias terapias, sin haber trabajado sobre sus pulsiones de poder y sobre sus fantasmas inconscientes, sin haber sido reconocido por sus colegas, sin suscribir un código deontológico y sin hacer que sus pacientes acepten un encuadre estricto y preciso.

La transferencia, es decir, la proyección de sentimientos en el psicoanálisis o en el zen es un mecanismo transitorio y normal en el proceso de trabajo con uno mismo. Los psicoanalistas saben que, cuando un paciente los ama o los detesta, está proyectando un objeto interno. El psicoanalista o el Godo que se identifica con el objeto y que se cree amado o detestado acompaña a su paciente o a su discípulo en su delirio, cosa que va en sentido opuesto al esperado. Si un terapeuta o un Godo intenta ocupar un lugar privilegiado en relación a sus pacientes o discípulos, los traiciona y los pone en grave peligro. Nadie debería ejercer sin retomar la terapia y practicar frente al muro con total humildad regularmente.

La neutralidad presupone el no-deseo. Sin embargo, estar en el no-deseo es estar fuera del tiempo. En la medida en que el deseo es deseo de reproducción en el futuro de una satisfacción pasada, no cabe hablar de deseo en el aquí y el ahora. Los Godo deberían hacer un psicoanálisis para castrar sus pulsiones de poder y los psicoanalistas deberían practicar el zen para estar en el aquí y el ahora, fuera del tiempo, fuera del deseo, totalmente presentes. Entonces se abrirían dos inconscientes donde solo resonaría una historia: la del paciente o la del discípulo.

Distinguir la meditación y el psicoanálisis de la religión

El psicoanálisis se ocupa de lo intrapsíquico, de lo que hay en nuestro interior. La religión generalmente nos lleva hacia el exterior, hacia la existencia de dioses y fuerzas externas. El psicoanálisis trabaja sobre nuestras partes oscuras, nuestros límites, nuestros demonios interiores, pero también, claro está, sobre nuestras cualidades y nuestras capacidades. Al pedirnos que creamos en dioses y demonios externos, las religiones politeístas creen que estaremos ligados o protegidos por ciertos dogmas y creencias y que podremos desarrollar cualidades internas en concordancia con el exterior.

El zen solo pide una cosa: concentrarse en la postura. Ni fuera ni dentro; solo una atención constante.

Si definimos la religión como una serie de dogmas y creencias, entonces el zen no debe ser considerado una religión. En cambio, si nos fijamos en la etimología del término religión (*religare*, unir), podemos decir que el zen es la religión por excelencia. Desde el punto de vista intrapsíquico, el zen nos permite redescubrir nuestra unidad, facilitando la reemergencia del cuerpo-espíritu. Desde una perspectiva externa, el que ha despertado se da cuenta que no es en nada diferente del resto del mundo.

La imagen del océano y de las olas nos puede ayudar a comprender. Imaginemos el mundo como un océano[17] y los fenómenos (empezando por la existencia humana) como olas en la superficie del océano. Decir que las olas no existen sería absurdo. Verlas como algo separado del océano también lo sería. Los fenómenos existen con su comitiva de satisfacción y de dolor (como ya hemos visto, los fenómenos son inconstantes y cualquier atadura nos conduce irremediablemente al dolor). Las olas viven sus vidas, se transforman y luego vuelven a su condición original. Así comprendemos mejor el adagio budista: «Nada nace (en sí mismo), nada muere». Los fenómenos nacen y mueren en el océano, nunca han estado separados.

Si las religiones entienden que nos unen a fuerzas externas a nosotros mismos, podríamos plantear la misma pregunta en relación al psicoanálisis, dado que nos ayuda a unirnos a nuestras fuerzas interiores.

---

17 Este ejemplo nos aproxima al monoteísmo en el que Dios se compararía al océano. Lo único, me parece, es que a menudo la religión crea una separación: Dios y los hombres.

Crear espacios transicionales en los que crecer

Donald Woods Winnicott, pediatra y psicoanalista inglés, localiza zonas que permiten que el niño se incluya en la sociedad. Para Winnicott, la creatividad posibilita posicionarse en la comunidad sin negar la propia subjetividad. El juego, la creatividad, son espacios que permiten pasar del uno (el sentimiento de serlo todo), al dos (el encuentro, la creación de una imagen propia) y finalmente al tres (la construcción de un lugar en el seno de la sociedad).

Así, el sujeto encontrará la forma de pasar del mundo imaginario al mundo real tomando prestado un lugar transicional, el lugar de simbolización que representan los espacios de juego y creatividad.

Cabe preguntarse si el zen y el psicoanálisis pueden ser considerados como espacios transicionales. Aquí van dos posibles interpretaciones.

Lo son, efectivamente, si consideramos que el psicoanálisis y el zen son espacios en los que se abre nuestro inconsciente. En psicoanálisis observamos el surgimiento del imaginario, lo simbolizamos en forma de asociaciones libres y de palabras y luego nos esforzamos en incluir esta energía en la sociedad (creatividad). La libre asociación permite:

— La emergencia de nuestra energía inconsciente.
— La simbolización de esta energía.

— Dar sentido a nuestras pulsiones en función de nuestra cultura.

El budismo progresista[18] permite que esta energía inconsciente brote y sea proyectada en forma de recitación de mantra, de visualización, de estudio de los conceptos, etc., y obliga a nuestras pulsiones a incluirse en una cultura espiritual propicia para nuestro futuro despertar.

Budismo y psicoanálisis pueden ser considerados como espacios transicionales en los que el sujeto puede apoyarse en el marco propuesto para subir escalones y dirigirse hacia la individuación y luego al despertar. En este sentido, budismo y psicoanálisis son complementarios en la vía de la realización.

En el budismo zen se considera que las producciones inconscientes (deseos, pensamientos, aversiones, etc.) son fenómenos, y por lo tanto el meditante las observa: no se identifica con ellas, ni las rechaza, ni se las apropia. Según un adagio zen, los fenómenos son como nubes en el cielo. Se invita al practicante a dejarlas pasar sin analizarlas, perseguirlas ni rechazarlas. Inconscientemente, involuntariamente, el que practica la meditación se convierte en un espectador

---

18   El budismo progresista considera que poco a poco nos vamos acercando al despertar, a diferencia del budismo subitista, que cree que ya hemos despertado y que no hay nada que descubrir.

indiferente, hasta que se da cuenta de que él no es los fenómenos, pero que tampoco es distinto de ellos. Que en realidad no hay nadie que observe o que sea observado.

En cambio, el zen y el psicoanálisis no serían espacios transicionales si recordamos de nuevo que pasado y futuro no existen. El aquí y el ahora no es compatible con la teoría de que el imaginario se origina en el pasado, la simbolización en el presente y la creatividad en el futuro (mediante deseos y proyectos), y que por lo tanto induce una identificación, o al menos una apropiación del producto de la práctica. Todo está presente en el aquí y el ahora y no hay nada que descubrir. Quizá solo abrir los ojos, autorizarse a ser, más allá del ego.

Olvidarnos de nosotros mismos

Mientras que el psicótico se vive por debajo de su imagen, siente que estalla y sufre angustia de división o de disociación, el narcisista busca sin cesar su espejo y lo encuentra por todas partes en los otros, que le devuelven una imagen parcial de sí mismo en función de sus reacciones, pero también de su buena voluntad. El narcisista siente una angustia de abandono si no responde a lo que imagina que esperan de él y sin duda siente también una angustia de fragmentación y de miedo frente a la angustia de división, de la que no se librará en caso de regresión. En efecto, la imagen que nos devuelven los otros es una imagen fragmentada. Se puede ser un héroe aquí y un «golfo» allí. La falla narcisista puede ser estructural y patógena, pero también puede ser coyuntural: nuevo trabajo, nueva relación, ruptura o simplemente cambios notables, separación, pérdida de trabajo o, por ejemplo, adolescencia.

Durante el paso de la infancia a la edad adulta, el sujeto no se reconoce, ve como cambia su cuerpo, su voz, su metabolismo y su imagen. Ya no es un niño, pero todavía no es un adulto. Con frecuencia estos periodos van acompañados de conductas de riesgo, consumo de drogas o grandes manifestaciones de cólera. Paradójicamente, parece que de esta forma el sujeto intenta reunificarse. En efecto, a gran velocidad, en una máquina motorizada no hay lugar para el narcisismo, el Ello, el Yo o el Superyó; solo una vigilancia constante por temor a estrellarse, y la cólera que monopoliza grandes energías que nos permiten permanecer en pie.

Freud planteaba el Edipo como conflicto nuclear de las neurosis, pero si miramos a nuestro alrededor veremos que es el narcisismo el que parece originar la mayor parte de nuestras neurosis. El Edipo sería más bien la piedra angular de nuestra estructura. Cuando el narcisismo es moderado, el Edipo pasa casi desapercibido. Vivimos en una sociedad paradójica, esquizofrenógena y fundada esencialmente sobre valores narcisistas: «Si a los 50 años no tienes un buen reloj, has desaprovechado tu vida».

En cuanto a la toma de drogas, algunos médicos no dudan ni un instante a la hora de recetar derivados de las anfetaminas (como la Ritalina) a niños hiperactivos que tienen dificultades de concentración. Por su efecto paradójico, la sustancia obliga al niño a concentrarse y a salir momentáneamente de su hiperactividad. Los problemas narcisistas impiden la concentración y la concentración obliga a salir del narcisismo.

En psicoanálisis, el tratamiento de las personalidades narcisistas llamadas *borderline* o estados límite, consiste en encontrar el origen de sus fallas y aceptar la desidealización de uno mismo y del otro, así como del marco que impone la cura. Desde el punto de vista del comportamiento, se trataría de acceder a otro comportamiento. Desde un punto de vista químico, se trataría de hallar una molécula que obligue a concentrarse. También comprobamos aquí el interés de las prácticas deportivas de riesgo, si están bien enfocadas, como la escalada o el alpinismo, porque cuando estás colgado de una pared cualquier falta de concentración se paga al momento y permite entender rápidamente la necesidad de respetar de manera estricta las reglas y el marco establecidos.

La meditación zen se basa en un marco estricto. No se puede llegar tarde a las prácticas. En el dojo, el comportamiento e incluso el más mínimo movimiento están sometidos a reglas indiscutibles. Sentado frente al muro, concentrado en su postura, no hay lugar para la imagen o el estatus social. El maestro Dogen nos dice: «No penséis "Esto está bien, esto está mal". No toméis partido, ni a favor ni en contra». Pero frente al muro cualquier categoría se borra, en ese momento no existe ni riqueza ni pobreza, ni belleza ni fealdad. Al concentrarse y abandonarse, el pensamiento se calma y tiende a desaparecer. Se impone la concentración. Dogen añade: «¡Pensad en no pensar! ¿Cómo pensamos en no pensar? Va más allá del pensamiento. Tal es en sí mismo el arte esencial del zazen».

Desde la profundidad de los tiempos, nuestros antepasados nos exhortan: «Conócete a ti mismo y conocerás a Dios y al universo».

A veces el altruismo puede ser un mecanismo de defensa. Numerosas víctimas se presentan como si fueran san Bernardo: no se preocupan de sí mismas sino única y exclusivamente del otro. A menudo se trata de un mecanismo de defensa, en efecto. La falla narcisista empuja al perverso a alimentarse de la imagen del otro y a proyectar sus propias fallas en un movimiento de identificación proyectiva, pero la víctima solo puede vivirse en el altruismo y a través del otro. En tal caso, el altruismo y el olvido de sí mismo se convierte en negación de Sí Mismo.

En el dojo, frente al muro, los pensamientos se calman. Nada nos devuelve una imagen. El practicante que se ha encontrado lo suficiente a sí mismo podrá tener la maravillosa experiencia del Sunyata. El maestro Dogen nos dice: «Practicar zazen es estudiarse a sí mismo, estudiarse a sí mismo es olvidarse de sí mismo. Olvidarse de sí mismo es estar validado por el universo». Para olvidarse de sí mismo primero hay que haberse encontrado a sí mismo. Solo entonces se imponen por sí mismos el verdadero altruismo y la verdadera compasión.

Conclusión
El camino de la niñez a la sabiduría

Las cuatro fases en la elaboración de la psique humana: psicosis, narcisismo, neurosis y sabiduría

Probablemente el hombre aprendió a contar en el momento en que tuvo un rebaño. Si poseyese un solo animal, de poco le serviría saber contar; bastaría con verificar su presencia. Contar tiene sentido a partir de dos. La numeración aparece muy pronto en la historia humana, en el siglo III a. C. El cero fue inventado mucho más tarde en la India (siglo V d. C.). Para inventar el cero fue necesario concebir la idea de vacío. En realidad, el sánscrito poseía la palabra *shûnya* para expresar el «vacío» y la «ausencia» desde hacía mucho tiempo. Sinónimo de vacuidad, efectivamente constituía desde hacía siglos el elemento central de una verdadera filosofía mística y religiosa erigida en pensamiento[1].

Si yuxtaponemos la evolución del ser humano según el psicoanálisis al pensamiento budista, podríamos plantear cuatro fases:

1. *In utero*, el niño es uno con el mundo que lo rodea. Después de nacer, al principio, nada le indica que existan objetos diferentes de él mismo (objetos no-yo). Lo hemos visto anteriormente, las primeras frustraciones obligarán al niño a comprender que no es uno con el mundo y a arreglárselas por sí mismo. A esta fase la llamamos objetal. El descubrimiento de los objetos no-yo provocará en el niño la comprensión de que existe un Yo separado del resto del mundo, así como el acceso a la alteridad. Sentirá la tentación de volver a este estado de plenitud, lo que podrá contribuir a su evolución o, al contrario, impedírsela. Por ejemplo, sus primeras identificaciones podrían provenir del deseo de volver a ser uno con el Otro. Después, las identificaciones primarias darán paso a las identificaciones secundarias, que permitirán

---

1 Marc Alain Ouaknin: *Misterios de las cifras*, Assouline, 2003.

que el sujeto se apoye en su modelo para construir su personalidad. Como también hemos visto, tener fijaciones demasiado fuertes al principio de su evolución también puede conducirle a patologías psicóticas en los momentos de regresión.

2. Durante la fase narcisista, el niño se reconoce en el espejo y en sus interacciones con el mundo, sobre todo en la mirada de su madre, con la que podría sentir la tentación de fusionarse para volver a ser uno. El descubrimiento de su imagen opera como función de apoyo para el niño. Bien gestionada, conduce a la confianza en sí mismo. Si el niño no recibe seguridad respecto a su imagen, podría evolucionar hacia las patologías del narcisismo.

3. Durante la fase edípica, el descubrimiento de una tercera parte (a menudo el padre o su substituto) rompe la díada madre/hijo e introduce al futuro ciudadano en el mundo exterior. Si el padre es inaccesible, vivido como no tranquilizador, aplastante o anodino, el niño corre el riesgo de volcarse sobre su madre o de vivir en una incesante lucha por demostrar la supremacía de su Falo, cuestionando constantemente la ley o desafiándola con conductas arriesgadas.

En la Biblia, Adán y Eva eran uno antes de saborear el conocimiento. Después fueron dos, tomaron conciencia de su desnudez y de su imagen, se vistieron y crearon una familia. La paradoja del ser humano consiste en abandonar el paraíso original, en encontrar su imagen y la alteridad y en construir una estructura para finalmente darse cuenta de que esta es ilusoria, abandonarla y despertar. Con la permanente tentación de renunciar y de volver atrás, fuerza a la que llamamos pulsión de muerte[2].

4. Shûnya[3] (sabiduría). El que practica la meditación se da cuenta de que los deseos son ilusorios: no hay nada que desear ni nadie a quien desear, no hay separación entre sujeto y objeto. El Yo y los fenómenos están vacíos, no tienen esencia. La vacuidad no es la nada, Shunyata es la realidad última, una realidad

---

2 El que no evoluciona más allá del uno, de la fusión, conoce los sufrimientos de los psicóticos (¿infierno?), los que permanecen atrapados en la segunda fase sufren angustias de abandono. En el nivel tres están las neurosis, la culpabilidad y las angustias existenciales.

3 Pero Shûnya no es el cero. Podríamos pensar que la pulsión de muerte tiende a llevarnos hacia el cero, hacia el nacimiento, y la pulsión de vida hacia la muerte, hacia el infinito. Sin duda Shûnya, que solo alcanza a comprenderlo el que ha logrado despertar, está más allá del cero y del infinito.

que no podremos captar con nuestro espíritu limitado. De ahí que la meditación sea ante todo una fuente de práctica y no una forma de adquisición de certeza. Si el estudio alimenta nuestra motivación y nos hace tener hambre de práctica, es justo. Si nos llena, no lo es.

Nuestra evolución de la niñez a la sabiduría

En definitiva, ¿qué es el narcisismo? Es la búsqueda de la propia imagen, una etapa estructurante en la evolución del niño, que sin embargo puede ser patógena si no logramos superarla.

¿Dónde encontramos la propia imagen? En el espejo. «YO ME miro» puede entenderse como «YO miro a MÍ». El narcisismo implica un dualismo. Pero procuremos no disgustar a Descartes, que ponía en duda los fenómenos exteriores y se entregaba a su pensamiento, su *cogito*. Cuando expreso «YO ME digo», expreso «YO digo a MÍ». El pensamiento funciona como un espejo, sea mental o reflexivo. Tanto si somos histéricos y buscamos nuestra imagen en el exterior como si somos más bien obsesivos y buscamos la imagen en nuestros pensamientos, siempre será en el marco de una dualidad interior que implica un MÍ y un YO. Por otra parte, nuestros aspectos narcisistas nos empujan a buscar un tercero para verificar nuestra imagen[4] (espejo, Otro) en nuestras interacciones con el mundo (seducción, toma de poder).

Una vez más, ¿cuál es la sutil diferencia entre el psicótico que vive (en los casos más graves) sin imagen de sí mismo y el sabio que ha decidido abandonar su imagen?

Podemos representar la evolución del niño al sabio, de la niñez a la sabiduría, mediante un círculo en el que el sabio y el psicótico[5] se hallan muy cerca el uno del otro.

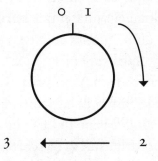

Fase 1: Indiferenciación/esquizofrenia
Fase 2: Dualidad/narcisismo
Fase 3: Trinidad/neurosis
Fase 0. Shunya/sabiduría

---

4 El narcisismo y la búsqueda de un tercero es lo que da paso al Edipo. Incluso aunque en el narcisismo el tercero no está considerado como sujeto, sino como objeto especular.

5 En el marco de la evolución psicosexual del hombre, al psicótico hay que considerarlo como un bebé en el cuerpo de un adulto.

La conciencia como diferencia entre el sabio y el psicótico

¿Por qué el ser humano corriente sufre y el sabio que lo abandona todo es feliz? Durante la evolución del ser humano, algo surge, algo increíble que en la naturaleza solo se da en el ser humano. Acaso sea lo propio del ser humano: la conciencia. En primer lugar, conciencia del otro, de los objetos no-yo, que da lugar a la conciencia y al esbozo de un Mí, conciencia de nuestra propia imagen. Conciencia, más tarde, del tercero, de la ley y de la sociedad, y finalmente conciencia de Sí Mismo. El ser humano social, al que Freud llamaba normalmente neurótico, ha adquirido una conciencia de su Sí Mismo que se integra bien en la sociedad gracias a la aceptación del tercero y de la ley y a la resolución del complejo de Edipo. El sabio ha desarrollado una conciencia de su Sí Mismo. Lo ha abandonado para hallar la conciencia del universo. Así, Shûnya no sería cero, sino infinito.

Muchas religiones creen que el alma humana se integra en el cuerpo hacia los seis años, edad que para los psicoanalistas corresponde a la resolución del Edipo. El alma sería pues el Sí Mismo o, mejor dicho, la conciencia del Sí Mismo. El ser humano, como la ola en el océano, sufre si confunde su impresionante existencia con su Mí separado del resto del mundo. El sabio se ha dado cuenta de que él es el océano, el

cosmos, y que por lo tanto no puede perder ni obtener nada, porque no tiene un Sí Mismo separado
del resto del mundo. Paradójicamente, liberado de
su imagen, él observa el vacío sin angustia. Él es el
vacío y el vacío es él.

La angustia que genera el vacío

¿Quién es pues el perverso narcisista, este Otro que
fascina a su presa? ¿Cómo explicar que el que no da
nada pueda retener tan fácilmente a su víctima?

La víctima del perverso narcisista parece esperar que el otro la llene, que le proporcione reconocimiento y una razón de ser. Ya sabemos que el
perverso narcisista se sitúa a medio camino entre
la locura y la neurosis y solo puede seguir adelante
proyectando su parte de locura en el otro. Pero
más que su rabia, lo que aterroriza al perverso es el
vacío, razón por la cual se alimenta de su víctima.
Innumerables psicóticos se descompensan frente al
vacío que sienten en su interior. Es necesario haber
fijado la mirada en la mirada de un psicótico en
plena descompensación para comprender el horror
que siente frente a su vacío interior. Más que la
castración, es la angustia del vacío lo que constituye
el nudo de cualquier patología. El psicótico se de-
rrumba con su aproximación, el narcisista intenta

exportarlo o llenarlo (bulimia, alcoholismo, etc.) y el neurótico camuflarlo (con una realidad más o menos normada en función de la gravedad de su neurosis). La angustia correspondiente es siempre la angustia del vacío, que adopta la forma de una angustia de fragmentación, pasando por la angustia de abandono y evolucionando hasta la angustia de castración y la culpabilidad.

Imaginemos una sala de cine. Tenemos un proyector como fuente de luz, una película que difracta la luz en una imagen y una tela que acoge la película. Imaginemos que no nos gusta la película, que nos conduce a un estado de angustia, de cólera o de dolor. Tal vez podríamos modificar la tela, tratar de añadir colores o borrar personajes. También podríamos plantearnos cambiar la película, eliminar lo que no nos conviene en ella o, porque no, crear una nueva película e inventar un guion.

Cuando trabajamos sobre nosotros mismos, podemos intentar cambiar nuestro comportamiento. Puede funcionar muy bien si estamos preparados para ello, pero no funcionará si no conocemos los beneficios que nos procuran nuestras neurosis y por qué desempeñamos ese papel.

Los psicoterapeutas trabajan sobre nuestro comportamiento y sobre su origen, es decir, sobre la tela y sobre la película. Pero, ¿qué ocurriría si retirásemos la película? Sin imagen, sin historia, no hay lugar para el Ego. No hay diferencia, ni pensamiento, ni existencia. Solo el vacío.

Este vacío nos aterroriza. El neurótico lo sustituye por una película lo más cercana posible a una norma establecida. El narcisista busca su imagen fuera de sí. El psicótico llena el vacío con un delirio que solo le pertenece a él.

El vacío, para la mayoría, es fuente de angustia. Sin embargo, los que se han aproximado a él hablan de amor, de compasión absoluta, de paz o de profunda alegría.

¿Existen varias clases de vacío? Sin duda, no. Pero la angustia del psicótico, que no ha podido estructurarse lo suficiente, es la de disolverse en este vacío. La angustia del narcisista, que ha tenido acceso al esbozo de su imagen, es la de ser abandonado y no reconocerse en la mirada de nadie. En cuanto al neurótico, debe mantener la ilusión de su realidad y teme al vacío interior, frente al que se siente impotente.

Así, aunque no debamos confudir la meditación con una terapia y aunque debamos trabajar nuestros síntomas fuera del dojo, podríamos imaginar una terapia fundamentada en una «metodología del vacío». Pues es este mismo vacío el que propulsa al psicótico hacia el colapso y al sabio hacia el despertar. ¿Qué los distingue fuera de la aceptación del vacío y de una conciencia suficientemente elaborada?

Terapia
Laura

Al salir de una sesión de meditación intensiva veo a mis pacientes. Laura, que presenta síntomas prepsicóticos, explica tras un largo silencio que no ha podido quedarse en la sala de espera y que ha salido a dar un paseo esperando que llegase la hora de nuestra cita. En efecto, no soporta ni el silencio ni la espera.

Se instala el silencio de nuevo. Entonces me dice: «Me gusta este silencio. *Este* silencio».

Laura añade que dejó a su terapeuta anterior porque permanecía en silencio. Cuando le pregunto qué diferencia hay, responde: «La presencia».

Lo que distingue al sabio del psicótico es que el psicótico no ha elaborado una estructura, mientras que el sabio la ha abandonado. Si tuviésemos que practicar una terapia del vacío, estaríamos hablando del vacío del terapeuta. En efecto, temporalmente, el terapeuta y el Godo sirven para paliar una ausencia o un defecto de estructura. El vacío que siente entonces el paciente en relación a este Otro ya no causa espanto, y tanto el terapeuta como el Godo actúan como si fuesen espacios transicionales en los que el sujeto puede descubrir lo que le angustia. De modo que la terapia del vacío no consistiría en sumergir al sujeto en el vacío, sino en la meditación previa del terapeuta.

Enseñanza
Demasiadas preguntas

Había un hombre que tenía muchas preguntas. Iba de monasterio en monasterio y provocaba a los maestros con mondos. Tanto es así que los Godo, cansados de sus raciocinios, le aconsejaron que fuese a ver a un sabio particularmente erudito. Aquel hombre se dirigió a su templo y encontró a un maestro especialmente grande y robusto. Cuando le formuló todas las preguntas que le vinieron a la cabeza, el maestro cogió un bastón y le dio una paliza. El hombre salió de allí corriendo, pensando que había topado con un loco.

¿Qué efecto tuvieron aquellos golpes? Lo cierto es que el hombre se planteó menos preguntas y se concentró más en la práctica. Tanto es así que experimentó un instante de despertar y comprendió que su intelectualización lo alejaba de la verdad. Sin duda aquel maestro le había proporcionado la mejor respuesta, devolviéndole al aquí y al ahora. El hombre volvió junto al maestro para decirle que había comprendido su mondo. Cuando el Godo se interesó por saber lo que había comprendido, el hombre cogió una rama y le propinó una paliza al Maestro. Este reconoció que el discípulo se había dado cuenta del mondo, pero le rogó que no volviese nunca a hacerle partícipe de sus progresos.

Si el psicótico vive en un mundo «uno» en desunificación, atrapado entre un mundo interior incierto y amenazante y un mundo exterior improbable, el narcisista vive en su exterior: desea que le devuelvan su imagen, tiembla ante la idea de ser abandonado si no responde como cree que se espera que responda y proyecta hacia el exterior lo que le molesta en el interior. En cuanto al neurótico, se debate contra un interior tiránico y su carga de culpabilidad.

Hemos hablado de dos tipos de budismo: progresista y subitista. El primero nos enseña que nos aproximamos al despertar poco a poco; el segundo que todo es perfecto desde el origen, que tan solo nuestra ignorancia nos impide despertar.

Si retomamos el esquema circular anterior y pensamos en las patologías psíquicas, vemos que los más próximos de Shunya (vacuidad) serían los psicóticos, de los que Lacan nos dice que tienen una experiencia de lo real (¿Shunya?). De este modo, la paradoja del hombre consiste en que debe observar el mundo que le rodea, comprenderlo, crearse una imagen suficientemente buena, una estructura lo bastante neurótica, para luego abandonarla y darse cuenta de que no hay estructura ni permanencia sobre la que apoyarse.

Imaginemos a un bebé. Al nacer no sabe nada de lo que le rodea. No tiene ninguna conciencia de los objetos no-él, de su imagen, ni evidentemente de su sexo. Cuando empiece a comprender el objeto no-él, actuará sin ninguna relación con su ser o su pensamiento, fuera de él percibirá la presencia como algo que le proporciona seguridad y la ausencia (el vacío) como angustiante (el objeto presente alimenta, el objeto ausente deja hambriento).

Si el entorno es suficientemente bueno y seguro, el niño podrá acceder a comprender que hay un mundo que le rodea diferente de él mismo, que tiene una imagen y después un lugar en la sociedad. Si el entorno es demasiado angustiante, el sujeto puede rechazar evolucionar y permanecer bloqueado en una fase que le lleve a la psicosis. Los psicóticos experimentan esta angustia del vacío y a menudo deliran para rellenar esta hendidura, que no puede nombrarse ni comprenderse. Una vez más, la paradoja del hombre, si quiere evolucionar, es que necesariamente debe situarse en la ilusión, el imaginario y la creatividad, so pena de no estar en este mundo, para después abandonarlo. Por eso creo que aquellos que se oponen a la psicología, al psicoanálisis, al budismo progresista y al budismo subitista, operan desde un instinto gregario, de clan, y no desde una verdadera comprensión de la evolución del ser humano.

Los analistas saben bien que en cuanto decimos algo ya no es verdad: cuando nos aproximamos a lo real, lo simbolizamos y desaparece. Como un río que fluye, cuando creemos haberlo visto ya está lejos. La única aproximación posible sería fotografiarlo, pero aunque la propia fotografía nos enseñaría lo real, lo haría a la manera de un fantasma que no existe desde hace ya mucho tiempo. Entonces, ¿a quién oír, a Jinshu o a Eno? Quizá sea necesario crear nuestro propio espejo, limpiarlo cada día para darse cuenta de que no hay espejo. Observarse, analizarse, situarse en la corriente para comprender que no hay nada que encontrar, analizar o comprender. Solo la corriente de la vida que Shariputra describe como compasión absoluta.

Hacia la compasión absoluta

Shariputra, discípulo de Buda, se sienta en zazen. Concentrado en su postura, entra en samadhi, estado de meditación profunda. Desde esta concentración, desde esta observación, Shariputra comprende: los fenómenos son vacuidad (Shunya), vienen del vacío y vuelven al vacío. Las sensaciones, percepciones y conciencias están igualmente vacías: no hay órgano, no hay percepción ligada al órgano, no hay sensación ligada a la percepción, no hay conciencia ligada a la sensación, no hay volición ligada a la conciencia, no hay karma ligado a la volición. Todo es Shunya. No hay individuo, no hay sufrimiento, no hay origen del sufrimiento, no hay cese del sufrimiento. No hay nacimiento, ni decrepitud, ni muerte. Nada nace, nada muere. De esta observación resulta la compasión absoluta y a partir de ella, naturalmente, el Boddhi-sattva ayuda a todos los que sufren. El Sutra nos dice entonces que juntos podemos ir más allá y más allá del más allá, por las orillas del despertar.

Que todos los seres puedan alcanzar la felicidad y las causas de la felicidad gracias al poder y a la verdad de nuestras prácticas. Que puedan liberarse del dolor y de las causas del dolor y creer en la igualdad de todos los seres.

Enseñanza
Hannya Shingyo[6]

Con la práctica profunda de la verdadera sabiduría, el Boddhisattva de la verdadera libertad comprende que el cuerpo y los cinco skandha (sensación, percepción, pensamiento, actividad, conciencia) no son más que vacuidad y tal comprensión ayuda a todos los que sufren.

¡Oh! Shariputra, los fenómenos no son diferentes de Shunya. Shunya no es diferente de los fenómenos. Los fenómenos son Shunya. Shunya es el fenómeno (la forma está vacía y el vacío es la forma), los cinco skanda son igualmente fenómenos.

¡Oh! Shariputra, todas las existencias tienen el carácter de Shunya, no hay nacimiento, ni comienzo, ni pureza, ni deshonra, ni crecimiento, ni decrecimiento.

Por esto, en Shunya no hay ni forma, ni skanda, ni ojo, ni nariz, ni oreja, ni lengua, ni cuerpo, ni conciencia; no hay ni color, ni sonido, ni olor, ni gusto, ni tacto, ni objeto de

---

6 Sutra del conocimiento trascendente que se recita cada día en los monasterios zen.

pensamiento; no hay ni saber, ni ignorancia, ni ilusión, ni cese de la ilusión; ni declive, ni muerte, ni final del declive, ni cese del sufrimiento; no hay conciencia, ni provecho, ni no-provecho.

Para el Boddhisattva, gracias a esta sabiduría que conduce al más allá, no existe ni miedo, ni temor. Toda ilusión y todo apego están alejados y puede alcanzar el fin último de la vida, el Samadhi.

Todos los Budas del pasado, del presente y del futuro pueden alcanzar la comprensión de esta suprema sabiduría que libera del sufrimiento y permite encontrar la realidad, a través de este mantra incomparable y sin igual:

Id, id, más allá y más allá del más allá por las orillas del despertar.

Gate, gate, paramgate parasamgate boddhiswaha.

Bibliografía

BOVAY, Michel; KALTENBACH, Laurent; de SMEDT, Evelyne, *zen*, Albin Michel, París.

BREUER, Josef y FREUD, Sigmund, *Estudios sobre la histeria*, en Obras Completas, Vol. II, Amorrortu, Buenos Aires, 1996.

CYRULNIK, Boris, *Un merveilleux malheur*, Odile Jacob, París, 1999.

CYRULNIK, Boris, *Los patitos feos. La resiliencia. Una infancia feliz no determina la vida*, Gedisa, Barcelona, 2009.

DHAMMAPADA, *Les stances du Dhamma*, Centre d'étude dharmiques de Gretz, París.

FREUD, Sigmund, *La interpretación de los sueños*, Akal, Madrid, 2003.

FREUD, Sigmund, *El porvenir de una ilusión*, Amorrortu, Buenos Aires, 2016.

FREUD, Sigmund, *Metapsicología*, Amorrortu, Buenos Aires, 2017.

FREUD, Sigmund, *El pequeño Hans. Análisis de la fobia de un niño de cinco años*, Amorrortu, Buenos Aires, 2017.

OUAKNIN, Marc Alain, *Misterios de las cifras*, Ma non tropo, Barcelona, 2006.

RIMPOCHE, Sogyal, *El libro tibetano de la vida y de la muerte*, Urano, Barcelona, 2006.

TENPE NYIMA, Jikme, *Transformer soffrance et colère en éveil*, Rigpa Diffusion, París, 1996.

TSANG, Ñon Heruka, *Vida de Milarepa*, Dipankara, Madrid, 2012.

WINNICOTT, Donald Woods, *Realidad y juego*, Gedisa, Barcelona, 2009.

WINNICOTT, Donald Woods, *Escritos de pediatría y psicoanálisis*, Paidós Ibérica, Barcelona, 1999.

El perverso narcisista utiliza el vínculo familiar, profesional o sentimental para someter al otro. Necesita de esta proximidad para ejercer su influencia y no permite que su víctima se aleje de él. Es frío, no conoce la culpabilidad y no duda en culpabilizar a los demás. Puede ser celoso e infiel. No soporta ser blanco de las críticas, pero critica sin cesar. Para crecerse, se alimenta de la imagen de su víctima: cuanto más la menosprecia, más fuerte se siente. Si siente angustia, rápidamente hace experimentar al otro la misma emoción.

Jean-Charles Bouchoux analiza los orígenes de la perversión y ofrece pistas seguras para que las víctimas contrarresten las tentativas de control y manipulación de «sus» perversos.